# RÉSUMÉ

DE

# L'HISTOIRE D'ESPAGNE

JUSQU'A NOS JOURS.

## PAR J. F. SIMONOT,

ANCIEN AIDE-DE-CAMP.

## DEUXIÈME ÉDITION.

# A PARIS,

CHEZ A. LEROUX, ÉDITEUR.

Palais-Royal, galerie de Bois, n° 202.

1823.

# RÉSUMÉ

DE

## L'HISTOIRE D'ESPAGNE.

DEUXIÈME ÉDITION.

*Se trouve aussi*

Chez BERQUET, libraire, rue de l'École
de Médecine, n° 4.

IMP. DE CONSTANT-CHANTPIE.

# RÉSUMÉ

DE

## L'HISTOIRE D'ESPAGNE

JUSQU'A NOS JOURS.

## Par J. F. SIMONOT,

ANCIEN AIDE-DE-CAMP.

## DEUXIÈME ÉDITION

REVUE ET CORRIGÉE.

PARIS,

CHEZ A. LEROUX, ÉDITEUR,

PALAIS-ROYAL, GALERIE DE BOIS, N° 202.

1823.

# AVIS DE L'ÉDITEUR.

On n'a pas toujours le temps ou la volonté de lire les nombreux volumes dont se compose l'histoire de plusieurs peuples modernes. De là le besoin des abrégés qui offrent, dans un cadre peu étendu, le tableau rapide de la vie politique d'une nation, et font connaître sa législation, ses mœurs et son caractère. Ce travail manquait pour l'Espagne, qui excite aujourd'hui un si vif et si juste intérêt. Le *Résumé* que nous avons publié, il y a environ six semaines, remplit cette lacune. La rapidité avec laquelle la première édition s'est écoulée est la preuve incontestable d'un succès dont nous ne pouvons qu'être flattés. L'accueil que le public a fait à cet ouvrage, et le compte avantageux qu'en ont rendu plusieurs journaux, sont notre première récompense.

La seconde édition que nous publions aujourd'hui, sous un autre format, a déjà

reçu quelques perfectionnemens. Si, comme
on a bien voulu le reconnaître, le *Résumé
de l'Histoire d'Espagne* offre une lecture
agréable, et n'a pas la sécheresse qui est
l'écueil ordinaire des abrégés, nous pouvons compter sur de nouveaux suffrages, et
nous travaillerons à le rendre toujours de
plus en plus digne d'occuper une place
dans les bibliothèques.

# INTRODUCTION.

L'Espagne est, en ce moment, un vaste théâtre où des scènes variées, et d'un haut-intérêt, attirent les regards de l'Europe entière. Les événemens ont eu leur cours; mais leur résultat final, impatiemment attendu par tous les partis, est encore caché dans les profondeurs de l'avenir. Un homme d'état très-habile, le ministre anglais lord Liverpool, a dit que la lutte était engagée entre la démocratie et le despotisme; d'où il faudrait conclure que l'un ou l'autre de ces principes de gouvernement doit triompher de la manière la plus absolue. Nous oserons ne pas être entièrement de cet avis, et nous espérons que, pour le bonheur de la Péninsule et le repos de l'Europe, on s'efforcera d'obtenir cet heureux accord du pouvoir et de la liberté, qui peut seul aujourd'hui prévenir des révolutions nouvelles.

Enveloppée par la Méditerrannée et l'Océan, ne tenant en quelque sorte au continent que par un point, ont eût dit, au commencement du siècle, que l'Espagne faisait à peine partie de la grande famile européenne. Elle paraissait ne prendre presqu'aucune part au mouvement général des esprits qui, partout ailleurs, s'élançaient avec plus ou moins d'ardeur vers un autre ordre de choses. Plongée dans une sorte de sommeil léthargique, produit nécessaire de ses institutions modernes, qui toutes tendaient à l'établissement du pouvoir absolu et à l'asservissement de la pensée, cette nation, si bien faite pour prétendre à tous les genres de gloire et de prospérité, restait stationnaire au milieu des progrès que la littérature, les arts et les sciences, faisaient chaque jour dans le reste de l'Europe.

Nous appelons institutions modernes, relativement à l'Espagne, les innovations introduites dans les formes du gouvernement, par Ferdinand que les prêtres ont surnommé le *catholique*, par Charles-Quint, Philippe II, et les rois leurs successeurs. Tous ces changemens, destructifs des libertés antiques, étaient-ils autre chose que de véritables usurpations? Quand donc, après avoir tant parlé de la légitimité des rois, daignera-t-on dire un mot de la légitimité des peuples?

Cependant, malgré toutes les précautions d'une surveillance ombrageuse, les lumières commençaient à pénétrer en Espagne. Des esprits élevés et de nobles caractères secouaient peu à peu le joug d'une aveugle routine. Les productions remarquables de la littérature étrangère, et surtout des auteurs de notre langue, franchissaient furtivement les frontières. Ces ouvrages étaient recherchés, lus, commentés dans les conversations particulières; et les préjugés nuisibles au développement de l'intelligence, perdaient successivement de leur force; non que l'on remarquât encore, dans la marche du gouvernement, cette sollicitude éclairée pour le bien être des citoyens, qui donne le mouvement et la vie à un état; mais son action se montrait plus douce; et l'arbitraire, qui se rapprochait de la justice, devenait moins intolérable. La sanguinaire inquisition avait fléchi elle-même devant des idées plus judicieuses et plus généralement répandues. Ce détestable tribunal, auquel le fanatisme de quelques moines ignorans, l'ambition du pape Innocent III, et la duplicité profonde de Philippe II, avaient donné tant de force, n'osait plus épouvanter l'Europe par le cruel spectacle de ses *auto-da fé*. Après trois siècles d'une existence marquée en traits de sang, cette horrible institution, chef d'œuvre de perfidie et de cruauté, avait presque cessé d'être un objet d'effroi. Etait-ce à l'humanité des inquisiteurs que l'on devait attribuer un aussi heureux changement? nous croyons qu'il est très-fort permis d'en douter. Leur faux zèle n'était pas moins ardent ; l'orgueil, la cupidité, le désir de la domination avaient tout autant d'empire sur leur esprit; mais ils ne trouvaient plus le même appui dans le gouvernement, et ils craignaient que les peuples ne se montrassent plus aussi dociles. Voilà tout le secret de cette indulgence beaucoup trop vantée; c'était l'impuissance de nuire, et rien de plus.

Mais si la péninsule n'était pas restée aussi étrangère aux progrès des connaissances et à la marche de l'esprit humain qu'on le croyait généralement, néanmoins la masse de la nation espagnole y avait pris peu de part. On trouvait de l'instruction, des lumières, des sentimens élevés dans un certain nombre de nobles, de prêtres séculiers, de savans et de littérateurs, de négocians; le reste était demeuré de deux siècles en arrière de la civilisation moderne.

Un événement trop mémorable a détaché brusquement cette rouille antique qui couvrait une grande partie de l'Espagne. L'invasion des Français en a fait un peuple nouveau. Cette guerre acharnée et terrible, qui a duré six ans, a imprimé aux esprits un mouvement prodigieux. Ces *juntes* multipliées qui se sont établies partout, pour suppléer au défaut d'une autorité centrale qui avait disparu, ont fourni l'occasion d'agiter des questions politiques auxquelles on ne songeait plus depuis long-temps. Tour-à-tour vainqueurs ou vaincus, les Français et les Espagnols se trouvaient dans un contact continuel qui a dû apporter de grandes modifications aux idées dominantes.

Il y a des gens qui veulent absolument que les Espagnols se soient battus uniquement pour maintenir la famille régnante sur le trône. Nous aimons à penser qu'en résistant avec tant de constance aux armées françaises, ils avaient particulièrement en vue de défendre l'indépendance du sol natal, et de repousser une domination étrangère imposée par la force. Sous ce rapport, il nous paraît qu'on ne peut leur accorder de trop grands éloges.

Ferdinand VII, rentrant en Espagne, au commencement de 1814, pouvait jouer un très beau rôle. Il lui était facile d'apporter de sages modifications à cette constitution des Cortès qui se ressentait des circonstances critiques au milieu desquelles on l'avait rédigée. Mais la détruire complétement, pour lui substituer le pouvoir absolu, c'était, selon nous, commettre une haute imprudence. L'irritation des esprits s'accrut par les étranges persécutions dirigées contre la plupart des hommes qui avaient le plus contribué à son rétablissement sur le trône.

Des mouvemens insurrectionels éclatèrent sur plusieurs points. Comprimés par la force des armes et par les supplices, ils renaissaient ailleurs et suffisaient pour indiquer le malaise général. Il fallait faire respecter l'autorité, mais profiter de ces avis donnés à voix assez haute pour être entendus. On n'en fit rien; les fauteurs du despotisme ont toujours un triple bandeau sur les yeux. Leur coupable obstination provoque les tempêtes politiques qui les frappent et ne les corrigent pas.

Renfermée dans l'île de Léon, une armée peu nombreuse accroît, par sa résistance inattendue, les embarras du gouvernement. De tous les points de l'Espagne, on redemande la constitution des Cortès, et le Roi annonce l'intention de l'accorder. Dans de telles conjonctures, la franchise la plus entière est pour un souverain le seul moyen de salut. L'irrésolution, les voies obliques et tortueuses compromettent son existence et celle de l'état. L'histoire en offre de terribles exemples.

L'insurrection du corps de troupes rassemblé près de Cadix, a été l'occasion, mais non la cause immédiate de cette grande manifestation de l'opinion publique en Espagne. A l'exception d'une petite colonne, qui, sous les ordres du général Riégo, parcourut quelques contrées voisines, ces troupes n'ont pas quitté l'île de Léon. Elles n'ont donc exercé qu'une influence purement morale, et il faut beaucoup compter sur l'ignorance ou la bonhommie du lecteur pour essayer de lui persuader que la constitution des cortès a été imposée à l'Espagne en 1820 par une faction militaire. L'adhésion du monarque peut bien ne pas avoir été aussi spontanée. Mais est-il rigoureusement prouvé que les rois seuls ont le droit de donner des institutions aux peuples, et par conséquent de les changer toutes les fois que la fantaisie leur en prend ? C'est une importante question, et qui ne nous paraît pas avoir été suffisamment discutée. On ne la résoudra point par de sim-

ples assertions, ni par la force des bayon-
nettes.

Tous les grands changemens qui s'opè-
rent dans les formes du gouvernement d'un
état, froissent des intérêts et des amours-
propres. C'est un inconvénient inévitable.
Il y avait donc des mécontens en Espagne,
après les événemens de 1820. Mais ces
mécontens ne seraient pas devenus des insurgés, si la marche de l'autorité avait été
plus franche; si surtout ils n'avaient pas
reçu, du dehors, des excitations et des secours.

L'Espagne, qui pendant tant d'années
n'a joué qu'un rôle très-secondaire en Europe, attire maintenant sur elle l'attention
universelle. Son histoire est généralement
peu connue, et néanmoins, dans les circonstances actuelles, elle acquiert un haut
degré d'intérêt. C'est ce qui nous a déter-
miné à en présenter un résumé substan-
tiel, qui contiendra tout ce qu'elle peut offrir d'agréable et d'utile. On l'a dit avant
nous, et nous aimons à le répéter. Assez
long-temps l'histoire s'est occupée pres-

qu'exclusivement des chefs des nations ; le moment est arrivé ou 'elle devra s'occuper des nations elles-mêmes, peindre leurs mœurs et leur caractère, parler de leur législation, de leurs progrès dans les arts et dans les sciences, indiquer les causes qui les ont élevées à un haut degré de prospérité, ou qui les en ont fait descendre. Tel est l'esprit qui a présidé à la composition de cet ouvrage.

# RÉSUMÉ

## DE

## L'HISTOIRE D'ESPAGNE.

---

## PREMIÈRE PARTIE.

*De l'Espagne, sous la domination des Carthaginois et des Romains.*

La première origine des peuples se perd dans la nuit des temps. Fénélon fait, dans le *Télémaque*, un tableau charmant du bonheur dont jouissaient, il y a plus de trente siècles, les habitans de la Bœtique. aujourd'hui l'Andalousie. Mais les poètes, et Fénélon l'était, ont le privilége d'embellir la vérité, ou même de lui substituer de rians mensonges. On ne sait presque rien de l'Espagne, jusqu'aux temps où

les Carthaginois et les Romains s'en disputèrent la possession. Avant cette époque,
elle était habitée par de nombreuses tribus
à demi-sauvages, sur lesquelles l'histoire
garde un profond silence.

Les Phéniciens, qui exploraient toutes
les rives de la Méditerrannée pour étendre
leur commerce, découvrirent l'Espagne,
traversèrent le détroit qui la sépare de
l'Afrique, et fondèrent dans une presqu'île
la colonie de *Gadès*, maintenant Cadix.
Pendant une longue suite d'années, ils demeurèrent en paix avec les Indigènes;
mais enfin ayant été attaqués, et vivement
pressés par les habitans de la Bœtique, ils
demandèrent du secours aux Carthaginois,
autre colonie phénicienne, qui commençait à devenir très-puissante, et qui saisit
avec empressement cette occasion de mettre le pied sur une terre nouvelle.

Après la première guerre punique, Carthage envoya en Espagne une armée nombreuse, sous les ordres d'Amilcar, qui employa neuf ans à soumettre la Bœtique. Il
pénétra ensuite dans la Lusitanie ( le Portugal), où il fut assassiné sur les bords du
Tage. Son frère Asdrubal, prit alors le

commandement de l'armée, continua les opérations militaires, et, politique habile, se concilia en même temps l'affection des peuples déjà soumis. Il eut pour successeur le célèbre Annibal, qui acheva la conquête commencée par son père et son oncle.

Une ville dont le nom ne périra point, tant que les mots de liberté et de patrie feront battre les cœurs généreux, Sagonte, opposa une résistance désespérée. Annibal en fit le siége qui dura huit mois. Réduits à la dernière extrémité, et ne voulant pas subir le joug du vainqueur, les Sagontins mirent le feu à leur ville, et se précipitèrent dans les flammes. Voilà cependant les hommes que les Carthaginois, les Romains et les Grecs appelaient *barbares*, et pour lesquels ils affectaient le plus ridicule mépris ; comme s'il n'était pas plus glorieux de chérir son indépendance et de la défendre, que d'attaquer et d'asservir des nations dont on n'a reçu ni tort ni offense. Les véritables barbares, ont été ces peuples du Nord, ignorans et féroces, dont les funestes émigrations ensanglantèrent pendant plusieurs siècles et dévastèrent une grande partie de l'Europe.

Après la chute de Sagonte, la péninsule tout entière s'étant soumise à la domination carthaginoise, Annibal conçut et exécuta le hardi projet de porter la guerre au cœur même de l'Italie. Prenant avec lui l'élite de son armée, dans laquelle il incorpora vingt mille Espagnols, il traversa les Pyrénées et les Alpes, gagna les batailles de Cannes et de Trasimène, et mit la république romaine à deux doigts de sa perte.

Mais pendant qu'Annibal et ses soldats s'amollissaient dans les délices de Capoue, une armée romaine commandée par Cneius Scipion, pénètre en Espagne, défait Hannon, général carthaginois, et s'empare de tout le pays situé entre l'Ebre et les Pyrénées.

À partir de cette époque, cette contrée devient un champ de bataille qu'ensanglantent, pendant long-temps, les républiques de Rome et de Carthage. Elles se disputent cette riche proie avec un acharnement bien fatal aux indigènes. Nous nous abstiendrons d'énumérer avec une exactitude scrupuleuse, cette suite monotone de combats dont l'humanité gémit. Nous ne rappellerons que les événemens et les faits

qui présenteront de l'intérêt, ou seront nécessaires à l'ordre chronologique.

Cneius Scipion et son frère Publius,
ayant réuni leurs forces, obtinrent de grands
avantages. Mais ils commirent ensuite la
faute de se séparer, et les généraux carthaginois en profitèrent pour les battre l'un
après l'autre.

Cependant le Sénat romain, qui n'avait
voulu d'abord qu'opérer une diversion,
résolut la conquête de l'Espagne. Il y envoya Cornélius, fils de Publius, si connu
depuis sous le nom de *Scipion-i'Africain,*
très-jeune encore, mais qui donnait déjà
de grandes espérances.

Scipion répondit à l'idée que l'on s'était
faite de sa valeur et de ses talens. Il assu-
jétit presqu'entièrement ce beau pays.
Mais les peuples n'avaient fait que changer
de maîtres, et la domination romaine n'é-
tait pas fort douce.

C'est ici le cas de rapporter une particularité qui peint les mœurs du temps, et
donne une idée de ce droit cruel de la
guerre, qui condamnait les vaincus à l'esclavage,

Scipion avait mis le siége devant Car-

thagène, place importante, dont la prise
affaiblit beaucoup la puissance des Carthaginois. Au nombre des captives, qui faisaient partie du butin, se trouvait une
jeune fille très-belle, nouvellement fiancée
à Allucius, prince de Celtibérie. Les soldats à qui elle était tombée en partage, en
firent hommage à leur général. Scipion
détourna les yeux lorsqu'on la lui présenta,
et la fit rendre à son futur époux, qui devint l'allié des Romains et embrassa leur
cause avec chaleur. C'est là ce qu'on appelle *la continence de Scipion*. Cette action
a été fort exaltée, et sans doute elle mérite des éloges. Mais quelles mœurs! et
surtout quel siècle que celui où une telle
conduite, qui serait aujourd'hui la chose
du monde la plus simple, semblait être le
comble de l'héroïsme! C'est ainsi que,
lorsqu'on porte des regards non prévenus
sur la vénérable antiquité, on trouve que
souvent nous valons beaucoup mieux que
ces hommes *des anciens jours*, quoiqu'il
soit devenu fort à la mode, et surtout très-
profitable, d'élever les siècles passés aux
dépens du nôtre.

Cependant la sage modération du général romain produisit un heureux effet sur les esprits. Plusieurs peuplades se soumirent volontairement. Les Lacétaniens, tribu puissante et valeureuse, qui habitaient le territoire connu aujourd'hui sous le nom de Catalogne, demeurèrent attachés à la cause des Carthaginois; ils perdirent une grande bataille dans laquelle succombèrent dix-sept mille de leurs plus braves soldats, et leur défaite acheva la conquête : l'Espagne fut déclarée province romaine.

Les Espagnols ont toujours souffert avec impatience le joug étranger. Après le départ de Scipion, ils se soulevèrent sur tous les points à la fois. Mais ces efforts généreux manquaient d'ensemble; ils n'aboutirent qu'à du sang et des ruines. Pendant cette lutte, qui fut longue et acharnée, plusieurs chefs romains se rendirent coupables de grandes cruautés. La ville de Pauca avait capitulé et ouvert ses portes; Lucullus viola les clauses du traité et fit égorger tous les habitans au nombre de plus de vingt-mille. Le préteur Galba livra également à la mort une multitude de Lusitaniens qui s'étaient fiés à ses promesses. Ces atrocités allumèrent une haine implacable contre le nom romain.

### Le soldat Viriates.

Animés par l'amour de la liberté, et par le désir de la vengeance, les Lusitaniens mettent une nombreuse armée en campagne. Mais ils s'enfoncent imprudemment dans des montagnes dont les défilés étaient occupés par leurs ennemis. Dans cette position périlleuse, on parle de traiter avec les Romains. Un simple soldat, VIRIATES, fait changer cette résolution. «Avez-vous oublié, dit-il à ses compatriotes, l'horrible perfidie de Lucullus et de Galba? J'offre de vous tirer de ce mauvais pas, suivez-moi.» Il parlait avec l'accent de la conviction; l'ascendant du génie se faisait sentir. On se soumit à sa direction, et il sauva l'armée, dont le commandement lui fut déféré tout d'une voix.

Le nouveau général justifia de la manière la plus brillante les espérances qu'il avait fait concevoir. Il battit plusieurs fois les armées romaines; son nom vola dans toute l'Espagne qui déjà le saluait comme un libérateur.

Rome étonnée redoubla d'efforts. Elle en-

voya de nouvelles troupes et d'autres généraux. L'un d'eux, Servilianus, signa un
traité de paix avec Viriates. Mais tout-à-
coup la république fit attaquer les Lusitaniens qui se reposaient sur la foi jurée. Ces
perfidies ne sont pas rares dans l'histoire
du peuple-roi qu'une sorte de prestige clas-
sique nous présente quelquefois sous un aspect très-mensonger. La guerre continua
avec des succès divers. Un autre général
romain, dont le nom doit être voué à l'opprobre, Cépion, trompa le trop confiant Viriates, l'attira dans un piége, et le fit lâchement assassiner.

*Numance.*

A l'exemple des Lusitaniens, les peuples
de la Celtibérie défendaient courageuse-
ment leur indépendance. Ils battirent plusieurs fois les Romains, mais l'opiniatreté
persévérante de cette république colossale,
dont l'esprit de conquête était un des élémens constitutifs, finissait toujours par
vaincre tous les obstacles.

Trois cités celtibériennes, Termès, Pla-
cencia et Numance se distinguèrent parti-

culièrement dans cette lutte héroïque. Les deux premières tombèrent enfin au pouvoir des Romains commandés par Pison. Le triste sort de la troisième mérite quelques-détails.

Près de la source du Duero, s'élevait Numance, qui, pendant quatorze ans, avait bravé les efforts des armées romaines. Affaiblie par de longs combats, elle demandait la paix à des conditions honorables. Le Sénat exigeait qu'elle se rendît à discrétion. Cette rigueur excessive exalta son courage. Quatre mille citoyens, l'élite de la population, se dévouèrent à sa défense. Ils avaient déjà couru les hasards de la guerre, et la mort ne les effrayait pas. Le second Scipion l'Africain vint avec soixante mille hommes faire le siége de Numance. La bravoure désespérée des habitans le rendit long et meurtrier.

Cinq vieux guerriers numantins, chacun accompagné de son fils, sortirent de la ville, et traversèrent audacieusement le camp ennemi, pour aller demander du secours aux autres tribus espagnoles. Mais tous les cœurs étaient glacés par la crainte. Une seule ville osa prendre les armes ; elle en fut cruellement punie par le vainqueur. Le nom de *Lucia* doit être soigneusement conservé. Il n'en reste plus le moindre vestige. Aucun monument, aucune ruine n'indique le lieu où elle a existé.

Ayant perdu toute espérance, les Numantins résolurent d'imiter l'exemple de la malheureuse Sagonte. Ils firent une sortie, attaquèrent avec fureur les assiégeans, en immolèrent un grand nombre, rentrèrent dans leur ville, y mirent le feu et se brûlèrent eux, leurs femmes, leurs enfans, et toutes leurs richesses.

### Rivalité de César et de Pompée.

Les guerres sont souvent injustes ; quelquefois elles ont des causes futiles et ridicules : mais il n'en est pas de plus déplorables que celles qui sont entreprises dans l'intérêt particulier d'un homme ou d'une famille ; la sottise humaine ne peut pas être portée plus loin.

César et Pompée se disputent le pouvoir les armes à la main. L'Espagne se déclare en faveur de Pompée, et le sang rougit les bords de la Sègre. Ce n'est plus pour la

patrie et pour la liberté que l'on se bat;
mais pour le choix d'un maître. Pauvre
humanité !

Pompée tombe en Égypte sous le fer
d'un assassin. Ses fils essaient, après sa
mort, de se maintenir dans la péninsule.
L'aîné est tué dans sa fuite, apres avoir
perdu la bataille de Monda que César gagne en personne. L'autorité du nouvel empereur ne trouve plus d'obstacle ; mais les
poignards de l'aristocratie romaine mettent
un terme à son ambition et à sa vie.

### Règne d'Auguste.

L'Espagne est assez heureuse pour que
les querelles des triumvirs se vident loin
d'elle. Leurs effroyables proscriptions ne
l'atteignent pas. Mais Octave, neveu de
César, et qui n'en avait ni le génie, ni la
bravoure, ni la bonté, étant resté maître
de l'empire après la bataille d'Actium, ju-
gea que sa présence était utile en Espagne,
et vint s'établir à Tarragone. Le Sénat l'a-
vait décoré du titre d'Auguste, et c'est sous
ce nom qu'il est connu dans l'histoire.

Auguste fonda les villes de Mérida et de

Sarragosse; à cet égard il mérite des éloges. Mais il fit, ou plutôt il fit faire, ( car il n'aimait pas le danger ) une guerre d'extermination aux Asturiens et aux Cantabres, qui, retirés dans leurs montagnes, conservaient et voulaient défendre leur indépendance. On nous permettra de ne pas louer cette conduite.

Les historiens latins flétrissent du nom de rebelles tous les Espagnols indigènes qui refusaient de courber leur tête sous le joug de la république. Dans tous les temps, aux yeux du pouvoir, les efforts que font les opprimés, pour briser leurs chaînes, ont été des crimes dignes du dernier supplice.

Enveloppés de tous côtés par les légions romaines, vingt-trois mille Cantabres se rendirent à discrétion. Ces courageux montagnards furent vendus comme un vil troupeau : mais ils se donnèrent presque tous la mort pour se dérober à la servitude, et ces hommes énergiques trompèrent ainsi l'avarice de leurs maîtres.

Dans une circonstance mémorable, on a entendu un membre du sénat de France dire : « Les Romains ne voulaient point des » Corses pour esclaves, et vous vous sou-

« mettriez à la domination d'un Corse ! »
L'exemple était mal choisi ou plutôt mal
appliqué. Comme les Cantabres dont nous
venons de parler, les braves habitans de la
Corse, jaloux à l'excès de leur liberté,
préféraient la mort à l'esclavage. Voilà
l'unique raison pour laquelle les Romains
n'en voulaient pas. Ils craignaient de perdre
leur argent.

Après une longue et vive résistance, les
Asturiens sucombèrent à leur tour. Les
Romains pénétrèrent dans leur pays et le
dévastèrent,

L'Auteur de *l'Esprit de l'Histoire*, M.
Férand pair de France, a écrit plusieurs
gros volumes pour développer cette pensée
qui ne lui appartient pas: *Il entrait dans
les desseins de Dieu que la république romaine étendit ses conquêtes sur tout le monde
alors connu, afin que l'uniformité de domination et de langage, rendit l'établissement
de la religion chrétienne plus facile.*

Il faut se soumettre à la volonté de Dieu,
quand elle est clairement manifestée; mais
en vérité il répugne à notre raison d'admettre
que la Divinité elle-même ait dirigé cette
série de violences, de dévastations et de

massacres, qui remplissent, pendant sept cents ans, les fastes de la république romaine. Admirons les vertus patriotiques des Romains vraiment dignes de ce nom; mais flétrissons l'esprit ambitieux et envahisseur de ce sénat aristocratique, qui, pour conserver sa prééminence et ses priviléges, avait créé un système de guerres perpétuelles.

Cinq ans après la catastrophe dont nous avons parlé, les Cantabres reprirent les armes, et attaquèrent, comme des furieux, les légions romaines, commandées par Agrippa. Le choc fut rude et sanglant, mais ayant été vaincus, ils ne purent jamais se relever de leur défaite.

Voulant diminuer le pouvoir de ses lieutenans, Auguste divisa l'Espagne en trois provinces, la *Tarragonaise*, la *Lusitanienne* et la *Bœtique*. Le triumvir Octave s'était montré lâche et cruel, deux qualités qui se trouvent souvent réunies. Auguste empereur, gouverna avec douceur et modération, lorsqu'il n'éprouva plus de résistance. Pendant son règne, qui dura plus de quarante ans, l'empire romain, qui s'étendait dans les trois parties du monde alors

connu, jouit d'une paix profonde; alors
l'Espagne prit une face nouvelle. L'agriculture devint florissante : les arts et les
sciences y firent des progrès ; les campagnes se couvrirent d'une population paisible et nombreuse; les villes s'agrandirent
et s'embellirent ; on vit s'élever des monumens, dont quelques uns ont bravé les ou-
trages du temps. L'aquéduc de Ségovie fut
bâti, le pont d'Alcantara jeté sur le Tage,
et le voyageur admire encore aujourd'hui
à Tarragone les ruines du palais d'Auguste,
celles du cirque et de l'amphithéâtre.

Plusieurs des successeurs d'Aguste furent
de très mauvais princes; mais leur tyrannie
s'exerçait particulièrement à Rome ; les provinces éloignées en souffraient beaucoup
moins. L'Espagne, par sa position pénin-
sulaire, n'était pas exposée alors aux incursions qu'il fallait prévenir ou repousser
sur les autres frontières. Pendant près de
deux cents ans, ce beau pays goûta les
douceurs d'une paix qui ne fut quelquefois troublée que par les querelles des compétiteurs à l'Empire. Les exigeances de
Rome, qui en tirait de l'or, de l'argent, du
cuivre et des soldats, ne l'empêchèrent

point de parvenir à un assez haut degré de prospérité ; la langue latine s'y était répandue, et la littérature, ainsi que la philosophie y étaient cultivées. Il a donné naissance aux deux Sénèque, à Martial, à Trajan, à Adrien. Marc-Aurèle était d'origine espagnole.

### Invasion des Barbares.

Nous touchons à une époque où, pendant plusieurs siècles, le midi de l'Europe, livré à la plus horrible confusion, devient un théâtre de dévastations et de carnage. Affaibli par ses divisions intérieures et par l'oubli de l'ancienne discipline, l'Empire romain ne résistait qu'avec peine aux peuples qui menaçaient ses frontières de l'Est et du Nord. Le moment approchait où elles allaient être entamées de tous côtés. Des nuées de barbares sortis des déserts de la Tartarie, de la presqu'île scandinave, des forêts de la Germanie, s'avançaient, ravageant tout sur leur passage. Ce n'était point des armées régulières, mais des corps de nations qui, abandonnant leurs climats glacés, allaient à la recherche d'une nouvelle

patrie. Les guerriers marchaient à la tête, et
ils étaient suivis des femmes, des enfans, et
des vieillards. Leur multitude était innombrable, et quoiqu'ils éprouvassent d'abord
de fréquentes défaites, il fallait chaque
jour leur livrer de nouveaux combats. Ils
se succédaient sans interruption, et se pres-
saient les uns sur les autres comme les flots
d'une mer agitée. Lorsqu'ils envahissaient
un territoire, ils y portaient le fer et le feu,
quelquefois s'y établissaient, ou bien ils
allaient dévaster d'autres contrées, qu'ils
couvraient également de sang et de ruines.
Alors une nuit épaisse enveloppe ces vastes
provinces de l'Empire romain où fleuris-
saient l'agriculture, le commerce, les
sciences et les arts. La civilisation rétrograde jusqu'à son enfance, et les peuples
sont plongés dans une ignorance profonde,
source de malheurs, de vices et de crimes.

Le beau ciel de l'Espagne devait attirer
les Barbares; aussi eut-elle à souffrir d'horribles calamités. Son histoire pendant ces
temps déplorables est un cahos qu'il importe
peu de débrouiller. On n'y voit que guerres
acharnées entre les Romains, les indigènes,
les Francs, les Suèves ou Saxons, les Van-

dales, les Goths, les Visigoths, les Ostro-
goths, qui tour à tour s'établissent dans la
péninsule, en sont chassés, y reviennent,
se retranchent dans les montagnes, descen-
dent dans les plaines, semblent n'exister
que pour les combats, et ne combattre que
pour assouvir la soif du sang et du pillage
qui les dévore.

Les Francs la ravagèrent pendant douze
ans, et détruisirent un grand nombre de
villes florissantes. Après eux les Suèves et
les Vandales y commirent de nouvelles horreurs. Les trois plus épouvantables fléaux
de l'espèce humaine, la guerre, la peste,
et la famine, sont réunis pour désoler ces
malheureuses contrées. Vainqueurs et vaincus succombent pêle mêle, ou deviennent
la pâture des bêtes féroces attirées par
l'odeur du sang.

Enfin rassasiées de carnage, ces hordes
exterminatrices se répandirent dans l'Espagne dépeuplée où la domination romaine
n'était plus reconnue. Les Suèves et les
Vandales s'emparèrent de la Castille; les
Alains de la province de Carthagène et de
la Lusitanie; les Silingiens de la Bœtique.

Cependant les Goths qui s'étaient d'abord

dirigés sur l'Italie, avaient pris et saccagé
Rome. Leur roi Ataulfe ayant ensuite épousé
Placidie, sœur de l'Empereur Honorius,
résolut de rétablir en Espagne l'autorité
romaine, et prit Barcelónne, point important, pour ses opérations ultérieures; mais
il y fut assasiné, et la couronne des Goths
fut usurpée par Sarus qui fit mettre à mort
les enfans d'Ataulfe, força Placidie leur
mère de suivre à pied sa marche triom-
phale dans les rues de Barcelonne, et fut
tué lui même sept jours après.

Voilà de quel tissu d'horreurs se compose l'histoire de ces temps-là. Leur succession monotone serre le cœur, et ne porte
aucune lumière dans l'esprit. Nous croyons
que le lecteur nous saura gré de ne point
trop nous appésantir sur ces tristes détails.
Le Christianisme qui se répandait dans les
trois parties du monde, et qui préparait
une grande révolution, avait déjà pénétré
au milieu de ces hordes barbares, mais il
n'avait point encore adóuci leurs mœurs
féroces.

Un guerrier goth nommé Vallia, monte
sur le trône par élection; il poursuit les
projets d'Ataulfe. Ses talens militaires et

son ardeur triomphent du courage déses-
péré des Alains, des Silingiens, des Suèves,
et des Vandales. Il les bat successivement,
couvre de leurs cadavres la Castille, la Lusitanie et la Bœtique. L'Espagne redevient
pour quelque temps, province romaine

Les barbares se réunissaient quelquefois
contre les Romains, ou défendaient leur
cause, selon les caprices et les intérêts du
moment des chefs qui les commandaient.
Souvent aussi ils se divisaient entre eux et
se battaient avec acharnement.

Les Vandales qui s'étaient retirés dans
les montagnes de la Gallice, en sortent tout-
à-coup, font un grand carnage des Suèves
qui s'opposaient à leur passage, battent les
Romains sous les ordres de Castinus, s'emparent de Séville et de Carthagène, et font
une expédition aux iles Baléares, d'où ils
reviennent chargés d'un riche butin. Gen-
séric leur roi forme alors le projet de passer en Afrique, et les Espagnols, ravis
d'être débarassés de ces terribles hôtes,
leur fournisssent eux-mêmes des vaisseaux.

Mais le départ des Vandales ne rendit
point le repos à l'Espagne ; délivrés de ces
redoutables rivaux, les Suèves recommen-

cèrent leurs incursions : Ils descendaient
de leurs montagnes où, en cas de revers,
ils trouvaient une retraite presque innac-
cessible, s'étendaient dans le pays, et menaçaient d'arracher aux Romains les faibles
restes de leur domination en Espagne. Ces
fiers conquérans étaient bien dégénérés et
ne pouvaient plus résister seuls à leurs ennemis. Ils appelèrent à leur secours Théodoric, roi des Goths qui régnait sur une partie des Gaules, et qui passa les Pyrénées
avec une armée nombreuse, défit les Suèves dans une grande bataille, s'avança jusqu'à Lérida, et peut-être aurait soumis
toute l'Espagne, si la nouvelle d'une révolution, qui avait privé Avitus son ami et son
allié du trône impérial, ne l'avait détermi-
né à la retraite.

Théodoric fut assassiné par son frère Euric
qui lui succéda, pénétra de nouveau en Espagne, et la parcourut en vainqueur. Le roi
d'Italie, Odoacre, lui abandonna tout ce que
possédaient les Romains au-delà des Alpes,
jusqu'au Rhin. L'Espagne se trouvait comprise dans cette donation qui fut confir-
mée par le Sénat. Orgueilleux, domina-
teur et souvent rempli de factions pen-

dant la république, le Sénat Romain était, sous les empereurs, d'une servilité qui inspire le dégoût. Il courait au devant de la volonté du maître et s'énorgueillissait de sa bassesse qu'il appelait du dévouement. Nous avons vu un autre sénat qui, à cet égard, ne le cédait guère à celui de Rome.

Elevé sur le trône par un crime, Euric fut cependant un grand prince. Il avait fixé sa résidence royale à Bordeaux, et de là il étendait sa domination sur une grande partie de l'Espagne et des Gaules. Il jouissait d'une influence extraordinaire sur beaucoup de tribus barbares, qui ne lui étaient pas immédiatement soumises, mais qu'il soulevait et appaisait à son gré. Sa puissance était élevée au plus haut degré, lorsqu'il mourut. Il eut pour successeur son fils Alaric.

Les Francs, commandés par Clovis, s'avançaient alors des bords du Rhin et de la Meuse, jusqu'aux rives de la Seine. Syagrius général romain, qui commandait dans le Soissonnais, ayant été vaincu par Clovis, chercha un asile à la cour d'Alaric. Le chef des Francs exigea du roi Goth qu'il lui livrât Syagrius, à qui il fit couper

481

la tête. Cette faiblesse d'Alaric inspira du
mépris à Clovis, qui résolut de l'attaquer.
L'ambition des princes ne manque jamais
de prétexte. Les Goths et leur roi étaient
chrétiens, mais de la secte d'Arius, qui niait
la divinité de Jésus-Christ. Clovis et ses
Francs venaient de se régénérer dans les
eaux du baptême, et certainement ils étaient
fort loin de rien comprendre encore à toutes
ces subtilités théologiques qui ont causé
tant de discordes, et fait couler tant de
sang. Mais l'hérésie d'Alaric le rendait
d'autant plus coupable qu'il possédait le
plus belles provinces des Gaules. Clovis
l'attaqua et gagna sur lui, près de Poitiers,
une bataille dans laquelle il le tua de sa
propre main.

Les Goths vaincus se retirèrent en Espagne où ils emmenèrent Amalaric, fils et
successeur de leur dernier roi, qui était
encore mineur. Sa tutelle fut confiée à
Theudis qui gouverna avec sagesse, et remit le pouvoir à Amalaric lorsque ce prince
eut atteint sa majorité. Il avait épousé
Clotilde l'une des filles de Clovis. Cette
femme qui méprisait son mari, parce qu'il
était arien, engagea l'un de ses frères à

lui déclarer la guerre. L'action de Clotilde
est infâme, et peut-être néanmoins s'en
applaudissait-elle intérieurement , parce
qu'elle s'imaginait sans doute qu'elle préparait ainsi la conversion des Ariens, sujets
d'Amalaric. Ce malheureux prince fut vaincu et assassiné à Narbonne. Combien de
bassesses, de perfidies et de crimes a fait
commettre la religion mal entendue , et
pourquoi faut-il qu'il soit si aisé et si ordinaire, de dénaturer ses préceptes et son
esprit ?

La couronne des Goths, qui jusque-là
avait été héréditaire, devint alors élective.
Elle fut donnée à ce même Theudis qui
avait déjà gouverné pendant la minorité
d'Amalaric.

Theudis était un prince sage et vaillant;
cependant son règne ne fut point heureux.
L'état de guerre continuelle dans lequel
vivaient les barbares qui avaient envahi le
midi de l'Europe, ne permettait encore aucune amélioration sensible. Les fils de Clovis, à la tête des Francs, firent une irruption en Espagne , et pénétrèrent jusqu'à
Sarragosse. Ils se retiraient chargés d'un
riche butin, lorsque Theudis les attaqua,

et les força d'en abandonner une grande partie.

Vis-à-vis Gibraltar, et sur les côtes d'Afrique, se trouve Ceuta dont les Romains, conduits par Bélisaire, s'étaient rendus maîtres. Theudis résolut de reprendre cette forteresse importante et l'investit après avoir traversé le détroit. Mais l'extrême piété de ce prince fît manquer son entreprise. Il observait et faisait observer les jours de fête avec une grande rigueur. Un jour qu'il était en prières avec tous ses soldats, les assiégés sortirent de la place et surprirent le camp ennemi, où ils répandirent la terreur et la mort. Theudis leva le siége, et repassa en Espagne où il mourut peu de temps après.

C'est un bonheur pour les peuples que leurs princes soient religieux, lorsqu'ils sont en même temps bons, justes et humains; mais si, passant une partie de leurs journées au pied des autels, ils se montrent violens, partiaux et injustes; si, dans leur faux zèle pour le maintien de ce qu'ils appellent l'ordre social, c'est-à-dire les priviléges et le pouvoir absolu, ils fomentent la guerre civile chez des nations voisines, et veulent y porter le fléau de la guerre étrangère, comment croire à la sincérité d'une dévo-tion qui produit des résultats aussi tristes?

Depuis la première invasion des barbares, les indigènes cessent en quelque sorte de jouer un rôle dans l'histoire de l'Espagne. Cette malheureuse contrée ne goûte quel-que repos, que lorsque l'un des peuples étrangers qui l'asservissent réussit à affer-mir sa domination, les Goths y étaient par-venus à cette époque, et la Péninsule presque tout entière leur était soumise; mais ils étaient maîtres en même temps d'une partie de la Gaule méridionale, et les faits historiques, ainsi que les vicissitudes de cette monarchie ne se rapportent pas exclusivement à l'Espagne. Souvent d'ail-leurs ils offrent peu d'intérêt, et ce résu-mé ne serait qu'une sèche nomenclature, si nous nous astreignions à n'omettre le nom d'aucun de ces princes très dignes de l'ou-bli dans lequel ils sont tombés. L'histoire, jusqu'ici, s'est trop occupée des monarques et trop peu des peuples. Nous voudrions commencer à donner un exemple contraire.

Après Theudisele et Agila, qui tous deux périssent de mort violente, Atanagilde,

compétiteur de ce dernier, voit son autorité
généralement reconnue. Mais il avait appelé
les Romains à son secours, en leur cédant
quelques villes maritimes, et ces dangereux
alliés désolaient les contrées voisines. Malgré la guerre opiniâtre que leur fit Athana-
gilde, il ne put venir à bout de les chasser,
parce qu'ils recevaient continuellement des
secours de l'Afrique. Après sa mort, Luiva,
gouverneur des provinces que les Goths
possédaient au delà des Pyrénées, fut appelé
au trône sans aucune brigue antérieure,
et sur sa seule réputation d'homme de bien.
Si l'élection produisait toujours de tels résultats, elle serait bien préférable à l'hérédité
qui remet si souvent la destinée des états
à des méchans ou à des sots. Avec le consentement des peuples, Luiva avait associé
au trône son frère Leovigilde qui lui succéda, et dont le règne fut glorieux. A la
faveur d'un interrègne qui avait suivi la
mort d'Atanagilde, les Romains avaient
pénétré jusque dans le cœur de l'Espagne.
Le nouveau roi les battit et les fit rentrer
dans leurs forteresses sur les bords de la
mer. Ses deux fils, Herménégilde et Recarède, étaient désignés pour porter la cou-

ronne après lui. Mais le premier de ces deux princes s'étant révolté contre son père fut pris et condamné à mort. Il avait quitté l'arianisme pour embrasser la foi catholique. On en a fait un saint et un martyr, malgré sa rébellion, parce qu'il refusa la grâce qui lui était offerte, à condition qu'il renoncerait au catholicisme. Son frère Récarède était aussi catholique en secret; mais il dissimula sa croyance, jusqu'au moment où il monta sur le trône. Alors il se déclara hautement, et employant tour à tour les moyens de persuasion et de force, il parvint à établir dans ses états le culte qu'il professait lui-même. Cependant un grand nombre de Goths étaient demeurés ariens au fond du cœur. Rarement les catholiques ont été modestes dans leur triomphe. Leurs bravades et leurs insultes irritèrent des hommes qu'une sage tolérance aurait ramenés peu à peu à la religion dominante. Les mécontens coururent aux armes à deux reprises différentes; mais il furent vaincus et contraints de se soumettre.

Le clergé romain a toujours montré un ardent amour de la domination, et souvent beaucoup d'habileté dans le choix des

moyens d'y parvenir. Recarède, qui en avait
besoin pour consolider son ouvrage, lui
permit de participer à l'administration des
affaires publiques, et lui laissa prendre un
commencement d'autorité qui reçut dans
la suite des accroissemens considérables.
Voulant régler en même temps, les affaires
de l'Église naissante et celles du royaume,
il réunit une assemblée générale, sous
le nom de *Concile*, dans laquelle entrèrent, avec les évêques, beaucoup de nobles laïcs. Ces assemblées devinrent peu à
peu l'un des pouvoirs constitutifs de l'état.
On en compte seize depuis le règne de Recarède jusqu'à l'invasion des Maures. Leurs
résolutions étaient rendues publiques, et
quand le peuple y avait donné son adhésion,
elles acquéraient force de loi. Lorsque le
trône devenait vacant elles élisaient le nouveau monarque qui s'engageait par serment, envers Dieu et le peuple, à remplir
les devoirs que la royauté lui imposait.

Recarède était juste, ferme, mais modéré. Il défendit ses états avec beaucoup de
vigueur, et ne chercha point à les étendre.
Il força les Romains à demeurer fidèles aux
traités, et repoussa les Gascons qui voulaient

re prendre les provinces dont ils avaient été autrefois en possesion sur la rive droite de l'Ebre. Ce fut son dernier exploit, peu de temps après il paya le tribut à la nature. Son règne, quoiqu'agité, fut glorieux, et l'Espagne prit une place honorable parmi les nations européennes.

Trois monarques ne firent en quelque sorte que passer sur le trône des Goths; Lúiva, l'aîné des fils de Recarède qui périt victime d'une conspiration, Witterie son meurtrier, que les Catholiques assassinèrent parce qu'ils le soupçonnaient d'avoir en secret embrassé l'arianisme, enfin, Gondemard, chef de la faction qui avait renversé Witterie, et qui mourut dans la seconde année de son règne. Les grandes qualités de Sisébut réunirent les suffrages en sa faveur. Il aspira à la gloire de chasser les Romains de l'Espagne, les attaqua et gagna deux batailles sur eux. Héraclius ré- gnait alors à Constantinople; pressé par les armées nombreuses des Perses et des Abares, il ne pouvait envoyer des secours en Espagne. Un traité fut conclu avec le monarque goth, et les forteresses mariti- mes lui furent abandonnées. Sisébut était

naturellement bon et humain ; on l'avait
entendu s'écrier à l'aspect d'un champ de
bataille : malheureux que je suis, de voir
tant de sang versé par mes ordres ! Mais un
zèle trop ardent pour sa religion le rendit
intolérant et cruel. Il voulut contraindre
les Juifs à embrasser le christianisme.
Beaucoup obéirent pour sauver leur fortune et leur vie. Ceux qui refusèrent périrent dans les supplices. Quand on lit, dans
l'Évangile, les paroles sorties de la bouche
du législateur des Chrétiens, on s'étonne
toujours que d'une doctrine pleine d'indulgence et de miséricorde, aient pu naître tant
de cruautés horribles.

Récarède II succéda à son père Sisébut,
et ne lui survécut pas long-temps. Alors
la couronne fut offerte à Suintilla , fils de
Récarède Ier, qui s'était fait remarquer par
sa bravoure. Les Gascons avaient fait une
irruption en Espagne ; il les battit et les
força de repasser les Pyrénées. Il marcha ensuite contre les Romains-Grecs qui étaient
encore maîtres du royaume des Algarves,
partie du Portugal actuel , s'empara de
leurs places fortes , et les contraignit d'évacuer la péninsule, qui se trouva tout en-

tière soumise à sa domination. Jusque-là
son gouvernement était digne d'éloges;
mais quand il crut avoir vaincu tous les
obstacles, il s'abandonna aux séductions
de la volupté, de l'avarice et de l'orgueil.
Le mécontentement devint général, et
Sisenand, gouverneur des provinces gothi-
ques dans les Gaules, leva l'étendard de
la révolte. Aidé d'une armée de Francs, que
Dagobert lui avait fournie, il obtint un
succès complet, et fut proclamé roi à la
place de Suintilla qui, abandonné de ses
troupes et de son propre frère, avait pris
la fuite. A cet événement se rattache
une particularité remarquable. Les Goths
avaient autrefois contribué à la défaite
d'Attila dans les champs cathalauniques.
Pour les en récompenser, le général romain
Aétius, fit présent à leur chef, Torris-
mond, d'une fontaine d'or massif, que les
Goths conservaient précieusement comme
un monument de leur valeur. Dagobert
avait exigé cette fontaine pour prix du secours qu'il donnait à Sisenand. Ce prince
voulut tenir sa parole, mais les Goths mur-
murèrent hautement. N'ayant pu empêcher
l'exécution du traité, ils allèrent s'embus-

quer sur la route où devaient passer les ambassadeurs de Dagobert, et leur reprirent la fontaine. Dagobert fut obligé de se contenter d'une somme d'argent. Cet attachement, presque religieux des Goths pour un objet qui rappelait un de leurs plus beaux faits d'armes, n'a rien qui doive surprendre. Ainsi la France entière, à l'exception peut-être de quelques hommes qui s'irritent d'une gloire dont l'éclat les blesse, parce qu'elle leur est étrangère, la France entière contemple avec orgueil cette colonne de la place Vendôme, où tant de brillantes victoires sont retracées sur l'airain.

638    Les règnes de Chintilla et de Tulga, son fils, qui occupèrent successivement le trône après Sisenand, furent courts, et peu dignes d'attention. Le premier publia un édit qui enjoignait à tous ses sujets d'embrasser la religion chrétienne, et qui donna naissance à des persécutions nouvelles. Le second fut déposé et confiné dans un monastère, après avoir été rasé, cérémonie qui, dans les mœurs de ce temps, était un obstacle à ce qu'il remontât sur le trône. Chindasuinte, proclamé par une par-

tie de la noblesse , eut à combattre une
autre faction qu'il vainquit , et dont les
chefs périrent sur l'échafaud. Son fils Recesuinte , qui lui succéda , régna vingt-
quatre ans , et fit le bonheur du peuple par
sa sagesse et sa modération. A sa mort,
toute l'Espagne fut en deuil. Combien peu
de monarques ont mérité d'être aussi sincèrement regrettés !

Après de longues guerres étrangères ou
intestines, la puissance des Goths s'était étendue sur toute la péninsule. Les descendans
des anciennes tribus indigènes, des Carthaginois, des Romains, des Alains, des Vandales , des Suèves , confondus avec le peuple vainqueur , ne formaient plus qu'une
même nation qui, bien gouvernée, pouvait
s'élever à un haut degré de prospérité ,
lorsqu'un nouveau fléau vint fondre sur
l'Espagne et lui préparer huit siècles d'agitations et de déchiremens. Nous voulons
parler de l'invasion des Maures, à laquelle
nous touchons.

## *Vamba. — Religion de Mahomet.*

Les grandes qualités et les vertus de Recesuinte rendaient difficile le choix de son successeur. Cependant tous les suffrages se réunirent sur Vamba, qui était très-digne du trône, et ce qui le prouve, c'est qu'il refusa long-temps d'y monter. Sa répugnance était sincère. Les habitans de la Navarre se révoltèrent, et Hildéric, gouverneur des provinces au-delà des Pyrénées, se déclara indépendant. Vamba chargea l'un de ses généraux, nommé Paul, de faire rentrer Hildéric dans le devoir, et lui-même marcha contre les Navarrois et les Asturiens qu'il soumit. Mais Paul, ayant forcé Hildéric de mettre bas les armes, lève lui-même l'étendard de la rébellion. A cette nouvelle, Vamba traverse les Pyrénées, attaque Nîmes et Narbonne, qui étaient les deux places principales des révoltés, s'en empare, et usant de clémence envers son perfide général, il lui fait grâce de la vie, à condition qu'il se retirera dans un cloître.

Au retour de cette expédition, Vamba

fit une entrée-triomphale à Tolède, et s'y occupa ensuite de divers réglemens qui avaient particulièrement le clergé pour objet. L'orgueil, la cupidité, le luxe et les mœurs relâchées d'une partie des ministres du culte, excitaient alors, comme cela est depuis arrivé souvent, des plaintes universelles. Le prince voulait les ramener à la simplicité de l'église primitive, entreprise plus difficile peut-être que la conquête de l'Europe, s'il avait voulu la tenter.

Né dans une condition obscure, dépourvu d'instruction, mais ambitieux, ardent, enthousiaste, Mahomet avait, par ses prédications et par la force des armes, fondé tout à la fois une religion et un empire. En moins d'un siècle, ce culte nouveau s'était répandu dans une grande partie de l'Orient et de l'Afrique. Déjà ces conquérans fanatiques menaçaient les côtes de l'Espagne. Vamba fit équiper une flotte pour l'opposer à celle des Maures, et malgré l'inexpérience des Goths dans ce genre de combats, il obtint sur l'ennemi de grands avantages. Dans une dernière bataille, qui fut extrêmement sanglante, il lui prit deux cent soixante et dix vaisseaux.

Cette éclatante victoire semblait promettre à Vamba un règne paisible qui ne finirait qu'avec sa vie ; mais l'ambition et la perfidie ourdissaient de nouvelles trames. On lui fit prendre une forte dose d'opium, et pendant son sommeil, Erviga, qui se vantait de descendre d'Athanalgide, s'empara du pouvoir, en enlevant au monarque les longues clefs d'argent, symbole de la dignité royale, et en lui faisant raser la tête. A son réveil, Vamba ne témoigna aucune surprise ; il feignit d'abdiquer volontairement, et se retira dans un couvent, où il passa le reste de sa vie, en sage, détaché des grandeurs du monde.

*Conspiration des Juifs. — Seconde défaite des Sarrasins.*

Le règne d'Erviga, qui dura huit ans, n'offre rien de remarquable Au commencement de celui d'Égisa, son successeur, les Juifs formèrent une entreprise qui n'eut aucun succès. Les lois portées contre eux par Sisébut, étaient tombées en désuétude ; ils pouvaient se livrer au commerce et à l'industrie ; mais comme ils étaient légale-

ment hors du droit commun, ils se trouvaient exposés à mille vexations, et leurs
propriétés n'avaient point de garantie as-
surée. Les Juifs d'Espagne se concertèrent
avec leurs co-religionnaires qui s'étaient
établis en Afrique, et fixèrent le jour où
ils devaient lever l'étendard de la révolte.
Ils espéraient être puissamment secondés
par les Sarrasins. Leur conspiration fut découverte; et cette tentative malheureuse
ne servit qu'à attirer sur eux de nouvelles
rigueurs. Cependant, la flotte maure mit
à la voile, mais elle fut complétement
battue.

Vitiza, fils et successeur d'Egisa, débuta
comme Néron, et finit de même. Il se
montra d'abord juste, réglé dans ses mœurs,
protecteur du faible et jaloux de l'honneur
de sa couronne. Il réprima avec beaucoup
de fermeté les prétentions du chef de l'é-
glise, qui alors travaillait à étendre sa domination sur tous les états chrétiens. Le
clergé espagnol montra lui-même une
grande énergie dans cette circonstance.
Mais de lâches flatteurs corrompirent ce
beau naturel. Ils dirent au prince, comme
on le répète encore de nos jours, que sa

puissance venait du ciel; qu'il n'en devait
aucun compte à la terre, et que ses moin-
dres volontés étaient des lois inviolables.
Cette commode doctrine chatouille trop
agréablement le cœur humain pour ne pas
être avidement adoptée. Vitiza lâcha la
bride à toutes ses passions. Il prodigua,
pour les satisfaire, le trésor de l'état. Sa
cour fut souillée par des scènes de débauches semblables à celles qui ont déshonoré
la minorité de Louis XV et la fin de son règne. Les hommes les plus recommandables
étaient condamnés à l'exil, ou périssaient
dans les supplices. Théodofrid, neveu de
Recesuinte, ce monarque dont la mémoire
était justement révérée, fut privé de la vue
et jeté dans un cachot. Ce dernier attentat
combla la mesure du mécontentement. On
se soulève; Rodéric, fils de Théodofrid, se
met à la tête des révoltés; Vitiza perd la vie,
et Rodéric est élevé sur le trône à sa place.

### *Invasion des Maures.*

710  Un mauvais citoyen favorisa l'entrée des
Maures en Espagne. Le nom du comte Julien est fameux dans les annales de la tra-

hison et de l'infamie. Ainsi puisse être flétri celui de quiconque appelle l'étranger sur le sol national! On a prétendu que Rodéric avait fait violence à la femme ou à la fille du comte Julien, et que celui-ci avait voulu se venger. Cette coupable action du prince, lors même qu'elle ne serait pas une pure fable, comme tout porte à le croire, serait loin encore d'excuser le comte.

Julien, gouverneur de l'Andalousie, tenait dans ses mains les clefs de l'Espagne. Il lia une correspondance criminelle avec Muza, chef des Maures, et l'invita à franchir le détroit. Rodéric était sans défiance, et il avait négligé d'entretenir, comme l'avaient fait ses prédécesseurs, une flotte pour s'opposer aux entreprises de l'ennemi. Tarik, général maure, brave et habile officier, débarqua avec cinq mille hommes au lieu où depuis a été bâti Gibraltar. Méprisant une aussi faible troupe, Rodéric se contenta d'envoyer contre elle Edecon, l'un de ses lieutenans, qui fut battu et obligé de prendre la fuite. Alors Rodéric rassembla une nombreuse armée; mais Tarik avait reçu des renforts, et d'ailleurs il entretenait des intelligences avec Julien et quelques autres traîtres , parmi lesquels étaient les fils du dernier roi Vitiza. Une action générale s'engagea auprès de Xerés, à deux lieues de Cadix. Rodéric s'y montra, la tête ornée d'un diadême de perles, vêtu d'une robe flottante brodée d'or et de soie, et porté sur un char d'ivoire traîné par des mules blanches. Cette pompe asiatique aurait fait rougir ses fiers prédécesseurs. La supériorité du nombre donna d'abord l'avantage aux Chrétiens. Mais le comte Julien, les fils de Vitiza et leurs adhérens, ayant passé du côté de l'ennemi, la bataille fut perdue. Rodéric disparut, on croit qu'il se noya dans le Bœtis. A cette époque trop mémorable, commence une ère nouvelle pour l'Espagne, dont les Chrétiens et les Musulmans se disputèrent la possession pendant huit siècles.

Le vainqueur poursuivit rapidement ses succès. La ville d'Eciga, qui avait offert un asile momentané aux fugitifs, fut assiégée et prise d'assaut. Tous les habitans furent passés au fil de l'épée. Un parti de sept cents chevaux surprit Cordoue. L'armée Maure arriva sous les murs de Tolède, alors la capitale du royaume. L'ennemi lui accorda une capitulation honorable. Sept églises furent réservées au culte catholique. En général les Maures se montraient vainqueurs généreux; c'est peut-être ce qui leur facilita la conquête de l'Espagne, qu'ils achevèrent alors en moins d'un an, et qui avait occupé pendant deux cents ans les Romains et les Carthaginois.

Le comte Julien et les fils de Vitiza réclamèrent l'exécution des traités secrets qu'ils avaient conclus avec les Maures. Mais ceux-ci n'ayant plus besoin des traîtres, parmi lesquels se trouvait encore l'archevêque de Séville, répondirent à leurs demandes par des témoignages du plus éclatant mépris. Ces Musulmans avaient du véritable honneur une idée plus juste que quelques gouvernemens modernes, qui n'ont pas rougi de combler de leurs faveurs des hommes qui avaient trahi leurs sermens à la face de toute l'Europe, en abandonnant leurs drapeaux la veille d'une bataille.

Tarik avait acquis une grande gloire, dont Muza, son chef, devint jaloux. La disgrâce, et même une punition ignominieuse furent le prix des services qu'il

2*

avait rendus. Muza passa en Espagne, et soumit Séville et Mérida qui résistaient encore. La capitulation portait que les églises seraient partagées entre les deux cultes.

Cependant un grand nombre de catholiques s'étaient enfuis dans les montagnes, emportant avec eux les ossemens de leurs saints. Théodomir, guerrier célèbre par d'anciennes victoires, se met à leur tête, attaque les Maures, obtient des succès, et signe un traité qui laisse à ses compagnons d'armes une sorte d'indépendance, moyennant un tribut léger. C'est ainsi que se forma le premier noyau de l'opposition, qui plusieurs siècles après renversa la puissance des Maures.

Muza, maître de l'Espagne, voulait pénétrer dans les Gaules. Rappelé à Damas par le calife, on lui fit son procès, et il fut condamné à l'exil. Ainsi une autre injustice vengea celle dont ce vieux général s'était rendu lui-même coupable envers Tarik, son lieutenant.

*Rivalité des Omniades et des Abassides.*

Abdelasis, fils de Muza, avait conservé le gouvernement de l'Espagne. Son ma-

riage avec Egilona , veuve de Rodéric ,
irrita les Chrétiens et les Musulmans. Il fut
assassiné. Alahor, son successeur, franchit
les Pyrénées , et s'empare des provinces
gauloises qui obéissaient aux monarques
goths. L'étendard de Mahomet flotte sur
les rives du golfe de Lyon, sur les murs de
Narbonne , de Nîmes , de Carcassonne et
de Bézièrs. Plus tard les Maures s'avancent
jusque dans les plaines de Tours. L'Europe
entière aurait peut être subi leur joug , si
Charles-Martel n'avait gagné sur eux une
grande bataille près de cette ville. Les historiens du temps ont prétendu que trois
cent soixante et quinze mille mahométans
y perdirent la vie. Ce nombre est certainement fort exagéré ; mais au moins la
victoire des Français fut complète et décisive.

Dans l'Orient, les maisons rivales d'Om-
niah et d'Abbas , oncle du prophète , se
disputaient le pouvoir les armes à la main,
depuis l'Indus jusqu'à l'Euphrate. La querelle se décida sur les bords du Zeb ; les
Abassides furent victorieux.

Abdérame , prince Omniade, se réfugie
en Espagne, dont une partie se déclare en

sa faveur. On en vient aux mains , et les Abassides sont vaincus à leur tour. Abdérame fonde le royaume de Cordoue.

755 A cette époque commence une période bien remarquable dans l'histoire moderne. Quand on considère cet esprit de galanterie qui s'introduit chez les Maures d'Espagne, la magnificence qu'ils déploient, leurs progrès dans les arts et les sciences , on s'étonne de les voir professer cette religion de Mahomet , qui partout ailleurs aujourd'hui , et particulièrement en Turquie , retient les peuples dans une ignorance systématique , et donne à leurs mœurs une teinte sombre et farouche.

Abdérame, qui devait le sceptre à son épée, s'occupa constamment du bonheur public. Il encouragea les sciences et les arts, protégea l'agriculture et le commerce, et traita les Chrétiens avec douceur. Le pays passa rapidement d'un état de pauvreté et de désolation, à l'aisance et à la prospérité : telle est l'influence d'un bon gouvernement. Une justice impartiale et des soins vraiment paternels suffisent avec l'état de paix , qu'il est souvent très-aisé de maintenir, pour élever une nation à un haut degré de splendeur. Combien sont donc coupables les hommes qui, placés à la tête des affaires, se montrent violens et injustes, et sacrifient à leurs petites passions, à leurs haines particulières, les plus chers intérêts de la patrie, le repos, l'indépendance et la liberté !

*Prospérité et revers des Omniades.*

Le royaume de Cordoue devint florissant. 788 Quelques guerres peu heureuses entreprises contre les chrétiens réfugiés dans les Asturies, n'arrêtaient point sa prospérité toujours croissante. Après trente ans de règne, Abdérame mourut justement regretté. Son fils, Hescham, se montra digne de marcher sur ses traces. Il aimait surtout les arts, et il était lui-même habile architecte. Un pont hardi fut jeté sur le Guadalquivir, d'après le plan qu'il avait tracé. Abdérame II, son petit-fils, embellit Cordoue de plusieurs monumens remarquables. On attribue à ce prince la formation d'une bibliothèque de six cent mille volumes. Le lecteur sera porté comme nous à en réduire beaucoup le nombre, quand il

réfléchira que l'imprimerie n'était pas encore inventée.

Un siècle plus tard, la pompe et la magnificence du règne d'Abdérame III, éton-
nent l'imagination. Ce prince avait six
mille trois cents femmes, concubines ou
eunuques noirs, et ne marchait qu'accompagné de douze mille cavaliers, dont les
ceinturons et les cimetères étaient couverts
d'or. Le palais et les jardins de Zehra,
construits en l'honneur de sa favorite, cou-
tèrent soixante et douze millions. On croit
sans doute que la vie d'Abdérame ne fut
qu'un long enchaînement de jouissances et
de plaisirs. Après la mort de ce prince on
trouva cet écrit : « Il y a plus de cinquante
sans que je règne, victorieux ou en paix.
Aimé de mes sujets, craint de mes ennemis, respecté de mes alliés ; honneurs,
plaisirs, richesses, puissance, j'ai possédé
tout ce qui peut contribuer au bonheur de
l'homme ici bas. J'ai compté avec soin les
jours où j'ai été réellement et parfaitement heureux : leur nombre ne s'élève pas
au delà de quatorze. »

La cité royale de Cordoue contenait alors
six cents mosquées, neuf cents bains, et

deux cent mille maisons. Quatre-vingts
grandes villes, et trois cents autres moins
considérables, reconnaissaient l'autorité
du calife. Douze mille villages couvraient
les rives du Bœtis, qui prit le nom de Guadalquivir. L'agriculture, les produits des
mines, le commerce et les arts enrichis-
saient cette heureuse contrée.

Hakem, fils et successeur d'Abdérame III.
aima les sciences, fonda l'université de
Cordoue, fut juste et vertueux. Cependant,
il s'écarta dans une circonstance particulière des principes qui le dirigeaient habi-
tuellement, mais il répara noblement sa
faute. Une pauvre femme possédait un petit champ qui était l'héritage de ses pères.
Elle avait refusé de le vendre, et on s'en
empara de vive force pour arrondir les jardins du prince. Voulant faire réparer cette
injustice, le cadi prend un sac, monte sur
son âne, se présente devant le calife, qui
était assis dans un magnifique pavillon
élevé sur le terrain usurpé, lui demande la
permission de remplir son sac de terre, et
le supplie ensuite de vouloir bien l'aider
lui-même à charger le sac sur son âne.
Quoique fort étonné de cette singulière de-

912

mande, Hakem se prête au désir du cadi,
mais il ne peut s'empêcher de faire quelques réflexions sur l'excessive pesanteur du
fardeau. « Prince, lui dit alors Bekir, ( le
nom de ce courageux magistrat mérite
d'être conservé), ce sac ne contient qu'une
très-petite partie du terrain dont tu as in-
justement privé une pauvre femme. Comment donc pourras-tu, au jour du jugement, supporter la peine qui sera propor-
tionnée à l'étendue du champ que tu as
usurpé? » Loin de s'offenser de cette ré-
primande hardie, Hakem reconnut son
tort, et rendit la terre avec les construc-
truction s qu'il y avait fait élever.

976    Ce prince laissa le trône à un fils en bas
âge. Pendant cette minorité, que des commotions civiles rendirent orageuse, le
royaume fut gouverné par le célèbre visir
mahomet Abenamir, à qui sa valeur avait
mérité le surnom d'*Almanzor* ou *Défenseur*.
Dans six campagnes consécutives, Abenamir se couvrit de gloire; mais les chrétiens lui firent perdre, à Médina-Cœli, sa
réputation d'invincible, et il ne voulut
point survivre à sa défaite. Depuis cette
époque, la puissance des Maures alla tou-

jours en déclinant; et enfin elle fut resserrée dans les limites du seul royaume de Grenade.

### Pélage. — Alphonse-le-Catholique. — Alphonse-le-Chaste.

Après avoir tracé une esquisse rapide de l'invasion des Maures et de leur établissement en Espagne, nous nous trouvons obligés de revenir sur nos pas. Les chrétiens qui avaient échappé à la funeste bataille de Xérès, et ceux qui n'avaient pas voulu subir le joug du vainqueur, s'étaient retirés dans les Asturies, où ils fondèrent un royaume qui n'avait d'abord que neuf lieues de long et quátre de large, mais dont l'accès était défendu par des montagnes hautes et escarpées. Tel fut le berceau de la nouvelle monarchie espagnole. Les Maures l'attaquèrent souvent et ne purent jamais l'envahir.

Une assemblée nationale décerna la couronne à Pélage, qui se montra digne de la porter. Il fit des incursions heureuses sur le territoire voisin, occupé par l'ennemi, et agrandit ses modestes états. Une armée nombreuse, envoyée contre lui, périt presque tout entière. Les Asturiens la laissèrent s'engager dans une vallée étroite et profonde, où ils l'exterminèrent en roulant sur elle des quartiers de roches, et en perçant les soldats maures de leurs javelots et de leurs flèches. On ignore l'époque précise à laquelle Pélage a cessé de vivre. Les Espagnols en ont fait un saint. C'était du moins un bon citoyen, un brave guerrier et un homme vertueux. Avec de pareils titres à l'estime et au respect, on peut se passer de figurer dans la légende. Favilla, fils de Pélage, fut appelé au trône par les Asturiens. Mais il périt de mort violente, ayant été renversé et tué par un ours.

737   L'unanimité des suffrages investit de la puissance suprême Alphonse surnommé le *Catholique*.

Remarquons en passant l'exercice de ce droit d'élection, que nous avons déjà vu établi chez les Goths, lorsque leur domination s'étendait sur toute l'Espagne; que l'on retrouve dans les premiers temps de la monarchie française, et qui a été partout la source primitive du pouvoir. L'hérédité, qui prévient des troubles, mais qui certes

a bien aussi ses inconvéniens, s'est établie
ensuite avec le consentement exprès ou ta-
cite des peuples. Alors elle devient un titre
qu'il est juste de respecter. Mais quand la
raison, d'accord avec les faits matériels,
nous montre si clairement l'origine de la puissance royale, qui n'a jamais été, dans le
principe, qu'une concession des peuples,
comment ose-t-on parler de ce prétendu
droit divin, qui réduirait une nation à n'être
qu'un vil troupeau, dont le monarque dis-
poserait selon sa volonté ou ses caprices?
Le despotisme sera toujours la plus incontestable des usurpations.

Les Omniades et les Abassides étaient
alors aux prises. Alphonse profita de leurs
divisions, pénétra dans la Galice, et s'avança
jusqu'aux frontières du moderne Portugal.
Il régna vingt et un ans et fut presque toujours heureux dans ses expéditions militaires. Son fils Froila hérita de son courage
et de ses talens. Il battit deux armées nombreuses qu'Abdérame Ier avait envoyées
contre lui. Mais sa cruauté le rendit odieux
à ses sujets; il tua son frère Biramano de
sa propre main, et fut ensuite poignardé.

Froila laissait un fils, nommé Alphonse,

qui honora dans la suite le trône par de grandes vertus. Mais les Asturiens donnèrent alors la préférence à Aurelio, cousin du dernier roi. Son règne et celui de son successeur n'offrent rien de remarquable. Maurégat, fils naturel d'Alphonse le Catholique, et d'une esclave maure, parvint, par ses brigues, à déterminer la pluralité des suffrages en sa faveur. Le fils de Froila, contre lequel d'injustes préventions s'étaient autrefois élevées, avait alors pour lui une grande partie de la noblesse, et probablement il l'aurait emporté sur so compétiteur. Mais le généreux Alphonse ne voulut pas, dans son intérêt privé, faire répandre le sang de ses concitoyens. A ce prix une couronne lui parut trop chèrement achetée. Ce bel exemple a été rarement imité.

Maurégat fut un mauvais prince. Il se rendit odieux au peuple. Sa mort, arrivée six ans après, fut considérée comme un événement heureux.

Tout portait à croire qu'Alphonse serait enfin appelé au trône. Cependant, par une combinaison bizarre, les suffrages se réunirent sur Bermude, frère d'Aurelio, que

l'on alla chercher au fond d'un cloître.
Bermude, qui avait ses vues, confia aussitôt le commandement de l'armée à Alphonse, et marcha avec lui contre les
Maures. L'ennemi fut battu ; et Alphonse
donna des preuves éclatantes de ses talens
et de sa bravoure. Alors Bermude profita
de l'enthousiasme qu'excitait la victoire
pour abdiquer la couronne et la faire passer
sur la tête d'Alphonse, qui fut surnommé 791
le *Chaste*, à cause de la pureté de ses
mœurs.

Alphonse eut presque toujours les armes
à la main. Dans une de ses expéditions, il
pénétra jusqu'au centre du Portugal, prit
Olisippo ( Lisbonne ), et revint chargé
d'un riche butin. Ses continuelles victoires
et la justice de son gouvernement, n'em-
pêchent pas qu'il ne se forme une conspiration contre lui. On s'empare de sa personne, on le dépose et on l'enferme dans
le monastère d'Abalia. Mais le peuple,
d'abord surpris, s'émeut bientôt, court
aux armes, et délivre Alphonse qui pardonne aux rebelles.

A peu près à cette époque, Charlemagne,
empereur d'occident, traverse les Pyré-

nées, prend Saragosse et Pampelune, établit un gouverneur français à Barcelone et en d'autres lieux. Mais, dans sa retraite, son arrière-garde est battue à Roncevaux par les Maures et les Gascons. Là, périt ce fameux Roland si célèbre dans nos anciennes chroniques, et nos romans de chevalerie.

Le règne d'Alphonse II dura cinquante ans. Affaibli par l'âge, ce grand prince abdiqua la couronne, et avec l'approbation du peuple, il choisit, pour son successeur, Ramire, fils de ce généreux Bermude, qui lui avait cédé le trône.

Les commencemens du règne de Ramire furent troublés par deux rébellions qu'il étouffa promptement. Les pirates du nord, qui ont si long-temps infesté les côtes de l'Océan, avaient fait une descente en Espagne. Ramire les battit, et brûla une partie de leur flotte, qui était à l'ancre dans le hâvre de la Corogne.

Les Musulmans, malgré leurs nombreuses défaites, ne se lassaient pas d'attaquer les Chrétiens. Abdérame II, envoya contre Ramire deux armées qui furent presqu'entièrement détruites. Dans la dernière bataille, livrée au milieu des plaines de Cla-

vigo, saint Jacques prit la peine de descendre du ciel, monté sur un beau cheval
blanc, pour déterminer la victoire en faveur des Catholiques. L'église de Compostelle fut fondée en reconnaissance d'un si
grand service.

Ordogno Ier succéda à son père Ramire;
Il s'était distingué, par sa valeur, dans les
guerres précédentes. Les talens militaires
étaient alors un grand titre à la couronne.
Ordogno battit les Musulmans toutes les
fois qu'ils se présentèrent, prit lui-même
l'offensive, et s'empara des villes de Salamanque et de Coria, dont il détruisit les
fortifications. Il repoussa aussi les Nor-
mands qui avaient de nouveau abordé en
Espagne. Cette succession, non interrom-
pue de combats sanglans, a quelque chose
de triste et de monotone. On ne peut s'empêcher cependant d'admirer l'inébranlable
constance des Chrétiens, qui se défendent
avec tant d'opiniâtreté contre des ennemis
nombreux et braves. Non-seulement ils
résistent, mais ils obtiennent de grands
avantages. Leur puissance, si faible d'abord,
grandit peu-à-peu, s'accroît aux dépens
de l'ennemi, bientôt balancera ses forces,

et finira par l'écraser. Dans une lutte aussi longue, et qui a duré plus de sept cents ans, les Espagnols, indépendamment du courage militaire, ont fait preuve surtout de cette patience persévérante et tenace qui forme leur caractère distinctif.

### *Alphonse-le-Grand.*

862    Alphonse, fils d'Ordogno, avait à peine dix-huit ans lorsqu'il monta sur le trône. Deux révoltes éclatent presqu'aussitôt, l'une dans la Galice et l'autre dans la Biscaye : elles sont promptement réprimées. Mais les Maures menacent d'envahir ses états. Ce prince défait successivement deux de leurs armées, et s'empare du territoire situé entre le Minho et le Duero. Cette conquête lui est vivement disputée. D'un autre côté, de nouvelles révoltes troublent la tranquillité intérieure. Pendant trente ans il combat les ennemis du dehors ou ses sujets rebelles. Les nombreuses victoires qui illustrent ses armes lui méritent le surnom de *Grand*. Il comptait au moins goûter du repos dans sa vieillesse. Mais don Garice, son fils, cabale pour lui enlever la

couronne. La trame, mal ourdie, est découverte; on l'arrête. La mère du jeune prince, qui était entrée dans le complot, fait de vains efforts pour obtenir sa liberté. Alors elle travaille à exciter un soulèvement. Une guerre civile est près d'éclater. Alphonse convoque une assemblée nationale et déclare qu'il abdique en faveur de son fils. Touché de cette générosité inattendue, don Garice traita toujours son père avec le plus grand respect.

Le commencement du règne de don Garice fut signalé par une victoire qu'il remporta sur les Maures. Mais ces infatigables ennemis ne tardèrent pas à reparaître. Alors on vit un spectacle qui étonna les Chrétiens et les Musulmans. Plein d'une noble confiance dans la vertu d'un père qu'il avait détrôné, le nouveau roi lui donna le commandement de l'avant-garde. Alphonse, de son côté, se montra assez ami de la patrie pour servir loyalement sous les ordres d'un fils dont il avait à se plaindre. Cette conduite les honore tous les deux. Un brillant succès couronna leurs armes. Alphonse mourut bientôt après, et don Garice ne lui survécut pas long-temps.

Déjà les Chrétiens s'étaient rendus maîtres d'une assez grande partie de l'Espagne; mais leurs forces étaient divisées. Le pays situé entre l'Ebre et les Pyrénées avait été conquis par Charlemagne. Sous ses faibles descendans, les gouverneurs qu'il avait établis secouèrent le joug de la dépendance. Sanche Garice I<sup>er</sup> se déclara roi de Navarre. Les successeurs de Pélage possédaient la Biscaye, les Asturies, la Galice, et quelques autres contrées au-delà des montagnes, qui étaient un champ de bataille continuel. Ils commandaient aussi à de grands vassaux, qui troublaient quelquefois l'état dans leurs intérêts privés, ainsi que cela est si souvent arrivé en France. Tels étaient les comtes de Castille. De fréquentes guerres civiles affaiblissaient les forces des Chrétiens, dont la bravoure et la constance mieux dirigées auraient abattu plus promptement la puissance des Maures.

Ordogno II succède à don Garice. Il remporte deux victoires sur les Maures. L'orgueil d'Abdérame, leur roi, est vivement blessé. Il met en mouvement une armée de quatre-vingt mille hommes, qui porte la désolation sur son passage. Les

Chrétiens et les Musulmans se rencontrent sous les murs de Léon. Des deux côtés on fait des prodiges de valeur, mais les Chrétiens sont victorieux. Ordogno prend le titre de roi de Léon.

Sanche, premier roi de Navarre, attaqué par les Maures, demande du secours à Ordogno. Mais cette fois les Chrétiens sont battus. Le roi de Léon regagne avec peine sa capitale. Cette défaite aigrit son caractère; il commet des actes de cruauté. Les comtes de Castille sont arrêtés et mis à mort sans jugement. En vain ses ministres affirment que ce sont des conspirateurs, qualification appliquée dans tous les temps aux hommes dont on veut se débarrasser, le public ne voit en eux que des opprimés et des victimes. Le mépris et la haine deviennent le partage du monarque qui a violé la loi, ou souffert qu'elle fût violée.

Les deux fils d'Ordogno sont écartés du trône. Un de leurs oncles l'emporte sur eux. Vindicatif et sanguinaire, il fait périr les nobles qui s'étaient opposés à son élection, et meurt lui-même peu de temps après. Son neveu, Alphonse IV, lui succède. Prince faible et inhabile, il abdique en faveur de son frère, Ramire II, veut reprendre la couronne, excite une guerre civile, est vaincu et renfermé dans un cloître. Après avoir comprimé cette rébellion, et soumis les fils de Froila II, qui s'étaient également révoltés, Ramire passe le Duero, prend d'assaut la ville de Madrid, aujourd'hui capitale de l'Espagne, et force le chef maure de l'Aragon à se reconnaître son vassal. Ces brillans succès éveillent l'attention d'Abdérame III, l'un des plus puissans monarques qui aient régné à Cordoue. Il fait marcher une armée de cent cinquante mille combattans, qui détruit la ville de Solocuval, dévaste de fertiles campagnes, et vient camper au confluent du Duero et du Puiserga. Là se livre une bataille sanglante. Malgré la supériorité du nombre et l'avantage de la position, les Musulmans sont battus. Ils éprouvent une seconde défaite dans les environs de Salamanque. Ramire se couvrit de gloire, mais la gloire des conquérans coûte souvent fort cher aux peuples. Le roi de Léon augmente les impôts. On murmure. Les comtes de Castille se soulèvent. Ramire dissipe cette ligue, et pour l'empêcher de renaître, il marie son fils Ordogno à la fille de Gonzalès, l'un des principaux confédérés. Il meurt ensuite, après avoir, avec le consentement d'une assemblée nationale réunie à cette effet, résigné la couronne à son fils.

Le règne d'Ordogno III, qui dura cinq ans, fut très-agité. Son frère Sanche voulut lui ravir la couronne; mais cette tentative n'eut aucun succès. D'autres rébellions furent étouffées. Ordogno prit Lisbonne d'assaut, battit les Maures, qui avaient envahi la Castille, et mourut, laissant son fils en bas âge. La couronne fut donnée à son frère Sanche, que le comte de Castille, Gonzalès, détrôna bientôt après. Gonzalès fit décorer de la pourpre royale Alphonse IV, surnommé le *mauvais*, qui fut un prince cruel, et souillé de vices. Alphonse s'étant rendu odieux, Sanche prit les armes, remonta sur le trône de Léon, et pardonna à tous ses ennemis. Il mourut empoisonné. Sa clémence méritait un sort plus heureux.

Par respect pour la mémoire de Sanche, les états du royaume décernèrent la couronne à son fils, âgé de cinq ans. La ré-

gence fut confiée à la mère et à la tante du
jeune prince, qui, pendant douze ans, gou-
vernèrent avec sagesse. Alors Ramire III,
voulut prendre lui-même les rênes de l'é-
tat. Mais son inexpérience et ses folies remplirent le royaume de troubles. Les mécontens mirent à leur tête Bermude, fils d'Ordogno III. Les deux partis en vinrent aux
mains. Le massacre fut épouvantable, mais
sans résultat décisif. Ramire mourut, et
son compétiteur monta sur le trône.

985  Bermude était un prince d'un extérieur
agréable et dont les mœurs étaient pures.
Il avait des talens et de la valeur, mais ces
qualités furent impuissantes contre le terrible ennemi qui allait l'attaquer. Le célèbre Almanzor, qui gouvernait pendant la
minorité du jeune roi de Cordoue, fit aux
Chrétiens une guerre acharnée. La ville de
Léon fut prise d'assaut et entièrement détruite. Plusieurs autres villes éprouvèrent
le même sort. Pendant six campagnes consécutives Almanzor fut constamment victorieux. Enfin il fut vaincu lui-même dans
les plaines d'Osma et se poignarda de désespoir. La mort de ce grand guerrier fut
comme le terme de la puissance des Maures,

qui, depuis cette époque, décrut sensible-
ment.

### *Réunion des couronnes de Léon et de Castille.*

Bermude ne survécut pas long-temps à 999
la victoire d'Osma, où il avait pour auxiliaires le roi de Navarre et les comtes de
Castille. Son fils, en bas âge, fut appelé à
lui succéder, et l'on confia la régence à El-
vire, sa veuve. Le gouvernement de cette
princesse fut sage et heureux. Alphonse V 1014
suivit l'exemple que sa mère lui avait donné. Il continua de réparer les désastres des
anciennes guerres. Mais ayant assiégé Vis-
co, et s'étant approché des remparts sans
précaution, il fut tué d'un coup de flèche.

Bermude III, son fils, monte sur le trône 2016
à seize ans. Ce ne sont point les Maures
qui l'inquiètent au commencement de son
règne, mais un roi voisin, de la même religion que lui. Les rois de Navarre, successeurs de Sanche Garice, avaient agrandi
leurs états. L'Aragon leur était soumis, et ils
convoitaient la Castille. Sanche le Grand,
qui régnait alors, entre dans cette province
avec une armée. Bermude veut s'opposer

à ses projets. Les deux rois sont près d'en venir aux mains. Cependant on négocie et l'on convient que la Castille, érigée en royaume, sera donnée à Ferdinand, fils de Sanche, qui épouse la sœur de Bermude. Ce traité est conclu en présence de deux armées qui occupent la Castille. On énumère avec soin les villes et les villages qui formeront la dot de la nouvelle reine. La seule chose que l'on oublie c'est de consulter le vœu des Castillans.

Sanche le Grand meurt et laisse quatre fils qui partagent ses états. Ferdinand conserve la Castille, Garice obtient la Navarre, Ramire l'Aragon, Gonzalès les contrées connues sous le nom de Sobrarbre et de Ribagore.

Le roi de Léon n'avait cédé qu'à regret ses droits sur la Castille. Après la mort de Sanche-le-Grand, il attaque Ferdinand son fils, s'empare de Placenzia, et reprend les pays qu'il avait donnés en mariage à sa sœur. Ferdinand appelle le roi de Navarre à son secours. Une bataille décisive se livre, et Bermude est tué d'un coup de lance. C'était le dernier des descendans mâles de Pélage. L'hérédité n'était pas encore établie, mais l'élection se faisait dans sa famille, qui avait occupé le trône pendant trois siècles. Ferdinand, roi de Castille, et beau-frère du dernier roi, est élu à sa place. Les couronnes de Léon et de Castille sont réunies.

### *Règne de Ferdinand. — Le Cid.*

Ferdinand reprit les projets de conquêtes 1035 abandonnés à la mort d'Alphonse V. Il s'empara de Zena, dont la garnison fut passée au fil de l'épée, et força Coïmbre de se rendre après un long blocus. Quelques historiens ont donné de grandes louanges à Ferdinand. Il nous paraît, au contraire, que sa conduite a été souvent blâmable. Son frère Garcie, roi de Navarre, qui l'avait aidé à vaincre Bermude, était venu le voir à Léon. Il le fit arrêter et enfermer dans la forteresse de Céa. Garcie s'étant échappé de sa prison, leva une armée et vint attaquer Ferdinand, qui voulut négocier ; mais Garcie avait appris à connaître son frère ; il persista à vider la querelle les armes à la main, et fut tué dans la bataille.

3*

Ramire, roi d'Aragon, autre frère de Ferdinand, s'était emparé des domaines d'un chef Maure, tributaire du roi de Léon et de Castille. Ferdinand envoya une armée contre Ramire, sous les ordres du célèbre Rodrigue, surnommé *le Cid*. La mort de Ramire, tué au milieu du combat, mit fin à cette guerre.

Le Cid avait quinze ans lorsqu'il tua, en combat singulier, le comte de Lozano qui avait insulté son père. La fille du comte vint à la cour demander vengeance, vit le Cid, se prit de passion pour lui, et finit par l'épouser. Tel est le sujet très-simple du premier chef-d'œuvre de Corneille.

Le surnom de Cid, (en arabe *Ceid* ou *Seigneur*) lui fut donné par les Maures eux mêmes qu'il vainquit souvent. Jaloux de la haute réputation qu'il avait acquise, Ferdinand récompensa ses services par l'exil.

1067 Le royaume de Léon et de Castille est de nouveau divisé après la mort de Ferdinand, qui avait assigné à chacun de ses trois fils la partie qu'il devait gouverner. Ces princes ambitieux et dénaturés se font la guerre; Sanche, l'aîné des trois, périt

dans un piége qui lui est tendu par sa propre sœur. Ramire, qui régnait en Galice,
est arrêté à Léon où il était venu voir son
frère Alphonse, et privé de ses états. Après
de grandes vicissitudes de fortune, Alphonse
recueille seul la succession de Ferdinand.
Rodrigue était revenu à la cour du roi
Sanche, qu'il avait aidé de ses conseils et
de son épée dans la guerre entreprise contre Alphonse. Ce prince disgracia de nouveau le Cid, qui, suivi d'une troupe de
braves aventuriers, s'empara de la forteresse d'Alcazar, et de la province de Teruel.
On appelle encore *Rocher du Cid*, le lieu
escarpé où il avait fixé sa résidence.

Alphonse avait été accueilli, dans sa dis-
grace, par le roi maure de Tolède. Son
fils Hiaga était alors sur le trône. Aussi peu
sensible à la reconnaissance qu'à l'amitié
fraternelle, Alphonse attaque Tolède, s'en
empare et y établit le siége de son gouvernement. Hiaga s'enfuit à Valence où il
est assassiné. Voulant venger le meurtre
de ce prince, le Cid assiége Valence avec
les aventuriers qui s'étaient attachés à sa
fortune, prend cette ville et s'y maintient
jusqu'à sa mort.

Les succès d'Alphonse ayant alarmé les Maures, ils armèrent contre lui. Une bataille sanglante fut livrée entre Badajoz et Mérida. Les Chrétiens la perdirent. Alphonse y fut blessé. Mais il reprit bientôt l'offensive, attaqua et défit les Maures en Portugal, prit Lisbonne d'assaut, et Cintra par capitulation. Henri de Besançon, était venu de France à son secours. Alphonse lui donna en mariage Thérèse, sa fille naturelle, et lui céda toutes ses conquêtes sur les bords du Tage. Ainsi fut fondé le royaume chrétien du Portugal.

L'épuisement des deux partis amena la paix. Alphonse épousa Zaïde, princesse d'une grande beauté, fille du roi maure de Séville, et qui rembas sa la religion chrétienne.

Les Almoravides, nation féroce, originaire de l'Arabie, débarquent en Espagne et attaquent les Maures. Alphonse envoie des secours à son beau-père le roi de Séville. Les Almoravides repassent en Afrique, et reviennent bientôt avec de nouvelles forces. Après un règne de trente ans constamment agité, l'âge et les infirmités ne permettaient plus à Alphonse de supporter les fatigues de la guerre. Il donna le commandement de l'armée à son fils Sanche, âgé de onze ans, sous la direction de don Garcie de Cabra, gouverneur du jeune prince. Cette expédition fut extrêmement malheureuse. L'infant Sanche, don Garcie de Cabra, sept comtes de Castille et trente mille Chrétiens restèrent sur le champ de bataille. Alphonse supporta cette cruelle infortune avec une grande fermeté. Il prit de si bonnes mesures, que malgré leur victoire, les Almoravides n'osèrent l'attaquer. Ils se dirigèrent sur la Catalogne.

### *Alphonse VII, empereur.*

Après la mort d'Alphonse, le caractère trop impérieux et turbulent d'Uraque sa fille, veuve de Raymond, comte de Bourgogne, et qui avait épousé en secondes noces Alphonse, roi de Navarre, excita des troubles et la guerre civile. Cette femme, qui ne craignait pas de faire couler le sang dans l'intérêt de son ambition, s'avise tout-à-coup de croire que Dieu pouvait s'offenser du mariage qu'elle avait contracté avec

son cousin. Les meurtres, les pillages et
les crimes de toute espèce que ses partisans commettaient chaque jour, n'avaient
point cependant éveillé ses remords. Elle
soumet ses doutes à un clergé complaisant.
Le concile de Placenzia, avec l'approbation
du Saint-Père, déclare l'union dissoute.
Entre les mains de certains hommes, la religion est un instrument docile qui sert
merveilleusement les intérêts terrestres et
les passions mondaines.

La conduite d'Uraque provoque bientôt
le mécontentement à un haut degré. Un
parti veut élever sur le trône le jeune Alphonse, fils d'Uraque et de Raymond, son
premier mari. Pendant dix ans, le royaume
devient un théâtre de dévastations et de
carnage. Enfin Uraque meurt, Alphonse VII
est proclamé, à vingt ans, roi de Castille
et de Léon.

Alphonse VII fut un prince guerrier. Il
se trouva bientôt à la tête d'une espèce de
confédération des princes chrétiens de l'Espagne, qui lui décernèrent le titre d'empereur. Les Maures eurent en lui un ennemi
redoutable; mais il fit la guerre en dévas-
tateur. La belle et riche Andalousie fut

couverte de ruines. Il eût été plus humain et plus sage de conquérir pour conserver et rendre heureux les pays conquis. Mais c'est un soin que prennent rarement les princes qui sont possédés du démon de la guerre.

Louis VII, roi de France, avait épousé la fille d'Alphonse, et vint lui rendre visite dans sa capitale. L'empereur convoqua une assemblée nationale, lui demanda et obtint son consentement pour partager ses états, mesure imprudente et funeste qui avait été déjà une source de troubles. Immédiatement après, il entreprend une nouvelle expédition, fait un carnage affreux des Maures, convertit en un vaste désert le pays situé entre le Guadalquivir et la Guadiana, et rentre à Léon en triomphe. Il y a bien là de quoi s'énorgueillir!

A la mort d'Alphonse VII, ses deux fils 1157 prirent possession, l'aîné du royaume de Castille, le second du royaume de Léon et des Asturies. Ces deux freres s'aimaient tendrement et vécurent en bonne intelligence. Il n'est pas inutile de le remarquer, car dans cette histoire d'Espagne, comme dans celle de France, sous les deux premières races, on ne voit que des frères qui se font une guerre acharnée, et cherchent à se dépouiller mutuellement; tant il est vrai que l'ambition étouffe souvent les plus doux sentimens de la nature. Le roi de Castille remporta une victoire sur les Maures, et mourut peu de temps après. Les états du royaume décernèrent la couronne à son fils en bas âge, qui fut Alphonse VIII. Deux maisons puissantes, celle de Lara et celle de Castro, se disputèrent la régence, allumèrent la guerre civile; et pendant plusieurs années remplirent le royaume de troubles. Parvenu à sa majorité, Alphonse voulut gouverner lui-même; mais son début fut malheureux, et annonça un prince impérieux et faible en même temps. Il marcha contre les Maures sans attendre les secours que les autres princes chrétiens lui amenaient, et perdit une grande bataille. Tolède fut assiégé. Les Maures avaient fait des efforts prodigieux pour mettre sur pied une armée formidable, dans laquelle on comptait quatre-vingt mille hommes de cavalerie.

### *Bataille de Tolosa.*

Les princes chrétiens, effrayés, s'adressèrent au pape Innocent III, qui parvint à diriger sur l'Espagne une armée de soixante mille hommes, presque toute composée d'aventuriers gaulois, francs et germains, ignorans, fanatiques, et avides de pillage. Leur pieuse fureur s'exerça d'abord contre les Juifs, dont ils dépouillèrent et massacrèrent un grand nombre. Ils s'indignèrent ensuite de ce que les princes chrétiens avaient accordé une capitulation honorable à la garnison maure de Calatrava, et voulurent piller cette ville opulente. Le roi de Castille s'y opposa avec fermeté. Alors ces terribles auxiliaires reprirent le chemin des Pyrénées, ravageant le pays sur leur passage. Malheur aux peuples dont les princes appèlent l'étranger ! Honte et dommage, voilà ce que produit leur présence.

Les Chrétiens ne se découragèrent pas. Le siége de Tolède avait été levé. Ayant un berger pour guide, ils traversèrent les montagnes de la Sierra-Moréna. Entre Baerza

et Jaen, ils découvrirent les innombrables tentes des Maures, dressées sur les
rives du Guadalquivir. Une égale ardeur ani-
mait les deux armées.—De part et d'autre,
on avait mis en jeu les plus puissans ressorts du fanatisme politique et surtout religieux. Le Miramolin ou monarque maure,
parcourait les rangs, tenant le Coran dans
sa main droite, et rappelant les magnifi-
ques promesses que fait le prophête à ceux
qui meurent pour la défense de sa sainte
loi. Dans l'armée chrétienne, l'archevêque
de Tolède faisait porter une croix devant lui,
et exaltait, par ses pieuses exhortations,
le courage du soldat. Le combat s'engage.
Malgré tous leurs efforts, les Chrétiens
commençaient à plier, lorsque le roi de
Castille s'écrie : qu'il préfère une mort
glorieuse à la honte d'une défaite, et se
précipite dans les rangs de l'ennemi. Son
exemple entraîne les Chrétiens, qui font
un horrible carnage des Maures. On prétend qu'il en resta deux cent mille sur le
champ de bataille. Les historiens de ces
temps, encore à demi barbares, sont tous
portés à l'exagération. Mais il est sur au
moins que la bataille de Tolosa fut très-

funeste aux Mahométans. Le roi de Castille, dont l'héroïque dévoûment avait tant contribué au gain de la bataille, parut un autre homme depuis cette époque. Il gouverna avec douceur et sagesse, et rendit le peuple heureux. Les Castillans passèrent, du mépris qu'ils avaient pour sa personne, à l'admiration et au respect. Ainsi les princes sont toujours à temps de réparer leurs fautes et d'effacer les impressions fâcheuses qu'elles ont faites sur les esprits. Mais un déplorable orgueil et de lâches flatteries ne les déterminent que trop souvent à soutenir avec opiniâtreté un mauvais système. Engagés dans une fausse route, ils s'obstinent à la suivre, et ferment les yeux pour ne pas voir le malaise général, le mécontentement qui gagne toutes les classes de citoyens, et les périls auxquels ils exposent le trône lui-même.

### *Règne de Ferdinand-le-Saint. — Influence de la chevalerie.*

Alphonse, en mourant, laisse un fils âgé 1214 de onze ans, nommé Henri. Les états de Castille ratifient le testament de son père qui l'avait désigné pour lui succéder. Éléonore, mère du jeune prince, nommée régente, meurt presqu'aussitôt. Bérengère, sœur de Henri, et épouse répudiée d'Alphonse, roi de Léon, prétend à la régence ; mais Alvaro de Lara l'emporte sur elle. Alvaro s'avise d'attaquer ce que l'on appelait alors les immunités du clergé, qui, possédant d'immenses domaines, refusait de contribuer aux besoins de l'état. Il s'en fait un ennemi implacable. Les prêtres donnent une nouvelle force au parti de Bérengère. Henri est tué par accident. Les états du royaume reconnaissent les droits de Bérengère à la couronne. C'est une chose assez plaisante que ces prétendus droits des femmes à gouverner une nation! La nature ne les a point faites pour ces hauts commandemens. Leur véritable empire a moins d'éclat, mais il est plus doux.

1217    Bérengère monte sur le trône et le cède bientôt à Ferdinand son fils, âgé de seize ans, et qui l'était en même temps d'Alphonse roi de Léon. Alphonse, excité par l'ambitieux Alvaro de Lara, qui s'était réfugié à sa cour, arme pour détrôner son propre fils, échoue dans cet odieux projet, signe un traité, le viole, et succombe une seconde fois. Alvaro meurt, et Alphonse revient à de plus doux sentimens.

Ferdinand épouse la belle Béatrix, fille de l'empereur des Germains, et marche ensuite contre les Maures. Il éprouve d'abord un échec, mais bientôt il obtient de brillans succès, force le roi maure de Valence et plusieurs gouverneurs indépendans à se reconnaître ses tributaires. Le roi de Léon meurt, et laisse par son testament le royaume à ses deux filles, Sanche et Dulcia, quoiqu'il eût auparavant fait décider, par une assemblée nationale, que le trône après lui appartiendrait à son fils. Ferdinand révendique ses droits; la guerre est près d'éclater. Mais ses sœurs renoncent à leurs prétentions, et les couronnes de Léon et de Castille sont de nouveau réunies.

A cette époque, la chevalerie jetait un grand éclat en Espagne. Le système féodal avait couvert l'Europe d'une multitude innombrable de petits tyrans, dont les violences et les vexations répandaient partout la terreur et l'effroi. La puissance royale était sans force, et l'on invoquait vainement le secours des lois contre cette épouvantable oppression. Alors quelques hommes braves et généreux se déclarèrent les défenseurs du faible, de la veuve et de l'orphelin. Ils trouvèrent des imitateurs. De là, l'origine de la chevalerie, qui reçut peu à peu une organisation régulière, et par une singulière alliance d'idées, fit entrer l'amour et la religion dans ses statuts. On a beaucoup exagéré les bienfaits de la chevalerie, qui souvent a protégé et consacré des injustices, néanmoins elle a rendu de véritables services dans ces temps d'horrible anarchie, où la force décidait de tout. Mais il eût été à désirer que cette institution disparût, lorsqu'elle cessa d'être nécessaire. Elle a propagé, pendant des siècles, un esprit d'orgueil et de noble fainéantise qu'on ne saurait couvrir de trop de mépris. Nous avons entendu vanter, dans un grand personnage, ses manières et son caractère chevaleresques. C'est vraiment, de nos jours, un plaisant éloge que celui-là!

Il y avait alors en Espagne trois ordres de chevalerie, tous trois richement dotés ; ceux de Saint-Jacques, de Calatrava, et d'Alcantara. Celui de Saint-Jacques occupait le premier rang. Ses grands maîtres ont souvent donné de justes inquiétudes aux monarques.

Un corps de troupes espagnoles, qui avait passé la Guadiana, est enveloppé par les infidèles. Les Chrétiens ne s'effrayent pas du nombre et marchent en bon ordre à l'ennemi. Un jeune guerrier, armé chevalier le jour même, tue le chef de l'armée maure. Les Chrétiens remportent la victoire et l'attribuent à saint Jacques. Ils l'ont vu, pour la seconde fois, descendre du ciel, et venir combattre dans leurs rangs. Le vénérable évêque de Jérusalem, qui souffrit le martyre il y avait plus de cent ans, ne passait pas cependant pour avoir un caractère belliqueux. Acquiert-on ce goût pour la guerre dans les célestes demeures ?

Ferdinand donnait ses soins à l'administration intérieure du royaume, qui devint florissant sous son règne, et s'occupait en même temps d'opérations militaires habilement combinées. Il s'empara de Cordoue, qui était encore au pouvoir des Musulmans, et prit, après un an de siége, Séville, où l'on comptait alors plus de deux cent mille habitans. Presque tous, ils abandonnèrent leur patrie, pour aller ailleurs exercer librementleur religion. Ferdinand avait porté ses armes en Afrique, lorsque la mort mit un terme à sa glorieuse carrière. Les peuples lui donnèrent de sincères regrets. Quatre siècles après, le pape, Clément X, en fit un saint, sans rien ajouter à la réputation de ce grand prince.

## Folies d'Alphonse-le-Sage.

Alphonse X, fils de Ferdinand, fut surnommé le Sage dans sa jeunesse, parce qu'il avait acquis de vastes connaissances. Mais un roi peut être fort instruit, savoir les langues anciennes, bien apprécier les beautés des auteurs classiques, et mal gouverner un état. Tous les citoyens, que le monarque appelle ses sujets et qui ne devraient être que les sujets de la loi, ont un droit égal à sa sollicitude. Mais si des classes privilégiées, ou exclusivement favorisées, ce qui revient au même, disposent du trésor et de l'administration ; si plusieurs actes du pouvoir sont marqués au coin de la partialité et de l'injustice ; si pour satisfaire un intolérable orgueil ou des passions folles et furieuses on sacrifie les plus chers intérêts de l'état; si le commerce et l'industrie, qui font sa force, sont insultés par d'illustres inutiles, et frappés de découragement, alors des plaintes générales s'élèvent, ou si l'autorité les comprime par la violence, le mécontentement fermente dans les cœurs, ce qui est bien autrement dangereux encore. L'orage vient-il à éclater, la science du prince est impuissante pour le combattre, puisqu'elle ne lui a pas enseigné les moyens de le prévenir. L'exemple du roi de Castille, Alphonse VIII, qui avait mal commencé et qui revint noblement sur ses pas, est toujours bon à suivre. Alphonse X, malgré son surnom de Sage, eut le tort de ne pas l'imiter. La perte de sa couronne fut le fruit de son imprudente conduite. Il accablait les peuples d'impôts, et altérait la valeur des monnaies, mesure immorale et funeste qui a toujours produit les plus déplorables effets. Pour faire valoir de prétendus droits à l'empire germanique, qu'il disait tenir de sa mère Béatrix, il prodigua en pure perte les trésors de l'état. Pendant qu'il poursuivait cette chimère, il fut attaqué par les Maures, qu'il battit à la vérité; mais la victoire était moins le résultat de sa

bravoure et de ses talens que de l'excellente
discipline établie dans l'armée par Ferdinand son père. Le roi de Grenade reprit
l'offensive, aidé par le roi de Maroc, qui
avait passé le détroit. Les Musulmans obtiennent d'abord de grands avantages. Ferdinand, fils aîné d'Alphonse, se met à la
tête de l'armée et meurt en route d'une
fièvre ardente. Sanche, son frère, prend le
commandement et repousse les Maures.
Cependant Alphonse s'occupait toujours de
ses désastreux projets sur les monnaies, et
sa mauvaise administration lui aliénait les
cœurs. A cette éclatante bravoure qui plaît
si fort aux gens de guerre, Sanche joignait
une prodigalité dont ils font aussi beaucoup de cas ; il devint l'idole de l'armée.
Les fautes d'Alphonse lui avaient fait perdre l'amour et le respect des peuples ;
Sanche résolut et vint à bout de lui enlever
le gouvernement de l'état, qu'il se fit donner avec le titre de régent.

Mauvais citoyen, comme il avait été monarque inhabile, Alphonse appelle à son
secours les ennemis de sa patrie et de sa
religion. Sur son invitation, le roi de
Maroc entre en Espagne, et vient mettre

le siége devant Cordoue. Mais cette entreprise n'obtient aucun succès. Alphonse n'en recueille qu'un surcroît de honte et de mépris. Enfin il s'adresse au pape, qui lance contre Sanche les foudres du Vatican. L'ignorance des peuples donnait alors une force terrible à ces armes spirituelles dont la cour de Rome a tant abusé. Sanche, qui aurait bravé des légions de Maures, s'humilie devant la menace d'un interdit. Il se réconcilie avec son père qui meurt bientôt après.

1284

### *Sanche-le-Brave. — Guerres civiles.*

Alphonse, par son testament, laissait à don Juan, son second fils, Séville et Badajoz. Sanche déclara qu'il ne souffrirait pas que la monarchie fût démembrée. Le ministre du roi, don Lopez de Haro, avait marié sa fille à don Juan. Il vit avec chagrin que son gendre était privé de son apanage, se révolta et fut poignardé dans une conférence à laquelle le roi avait consenti. Don Juan fut privé de sa liberté. Le fils et le frère de Lopez de Haro, se retirèrent à la cour du roi de Navarre, qui embrassa leur cause. Ferdinand, fils aîné d'Alphonse X, avait laissé des fils que l'on connaissait alors sous le nom de La Cerda. Le roi de Navarre, sous prétexte de revendiquer leurs droits à la couronne de Castille et Léon, lève une nombreuse armée; mais Sanche *le Brave* la met en déroute.

Les de Haro, les la Cerda et don Juan, qui s'était échappé de sa prison, troublèrent long-temps l'état par leurs intrigues ou les attaques qu'ils formaient à main armée.

Don Juan, à la tête d'un corps de troupes, dont le roi de Maroc lui avait donné le commandement, vient mettre le siége devant Gibraltar. Le fils du gouverneur de la place était tombé en son pouvoir. Il menace de lui arracher la vie, si la forteresse n'ouvre pas ses portes. Ayant éprouvé un refus, il le poignarde de sa propre main. Cette atrocité inspire une égale horreur aux Chrétiens et aux Musulmans.

1295    Sanche meurt, et laisse un fils en bas âge. Sa veuve, dona Marie, nommée régente, parvient, pour un moment, à rétablir le calme. Don Juan rentre en grâce. Henri, troisième fils de Ferdinand le Saint, qui

avait voulu assassiner son frère, Alphonse X,
et qui s'était réfugié en Afrique, revient
également à la cour, où il est bien reçu.
Mais il ne tarde pas à enlever la régence à
Marie, qui refuse noblement de faire couler le sang pour sa querelle. Les rois de
France, d'Aragon, de Portugal et de Grenade, se liguent en faveur d'Alphonse de
la Cerda. Le régent Henri, livre une bataille, la perd, et consent à céder aux
Maures l'importante forteresse de Gibraltar. Ce honteux traité indigne la reine Marie. Les états du royaume lui rendent le
pouvoir. Elle parvient à détacher le Portugal de la ligue formée contre la Castille, et
qui se dissipe peu-à-peu. Mais pendant
qu'elle apaisait quelques troubles sur les
frontières de la Navarre, son fils, Ferdinand IV, s'empare du gouvernement. Marie
avait de nombreux partisans qui voulaient
s'armer en sa faveur. Cette sage et ver-
tueuse princesse s'y refusa pour la seconde
fois. Don Juan, qui passait sa vie à se ré-
volter et à solliciter son pardon, ourdit de
nouvelles trames. Ferdinand pouvait faire
punir légalement cet incorrigible brouil-
lon, il aime mieux soudoyer un assassin

pour se défaire de lui. Cette odieuse tentative échoue; Ferdinand s'est gratuitement déshonoré.

Les actes de violence et les grandes injustices n'étaient pas rares à cette époque. Le pape Clément V, docile instrument des haines et des vengeances de Philippe le Bel, venait d'abolir l'ordre des Templiers. On leur avait arraché, au milieu des tortures, l'aveu de crimes imaginaires. Plus de cinquante de ces infortunés périrent sur l'échafaud. Le monarque français fit brûler en sa présence le grand-maître et les trois principaux officiers de l'ordre ; car tel était son bon plaisir. En Espagne on se contenta de confisquer les biens des Templiers.

1312 Après la mort de Ferdinand, qui laisse un fils encore enfant. Ses frères Pedre et Juan se disputent la régence les armes à la main, et conviennent ensuite d'en partager les pouvoirs. Ces princes font une invasion dans le royaume de Grenade où ils mettent tout à feu et à sang; ils sont ensuite battus par les Maures et tués dans le combat. Menacé d'une guerre étrangère, le royaume de Castille est en proie à une guerre civile furieuse. Quatre compétiteurs à la régence emploient tour à tour les intrigues et la force ouverte pour soutenir leurs prétentions. Pendant treize ans, ce malheureux pays offre le plus douloureux spectacle.

*Alphonse onzième du nom. — Siége d'Algésiras.*

Le jeune roi avait de l'énergie dans le caractère, et son esprit s'était rapidement formé au milieu des troubles civils. A seize ans il prend les rênes de l'état. La Castille respire un moment. Mais les révoltes recommencent bientôt. Alphonse fait poignarder un des principaux chefs qui s'était fié à sa loyauté. Ainsi périrent les Guises par les ordres du roi de France Henri III. Ces actions criminelles conduiraient justement un simple particulier à l'échafaud. Mais les monarques, qui devraient montrer un respect religieux pour les lois, les violent trop souvent avec la plus scandaleuse audace.

Alphonse épouse la fille du roi de Portugal, bat les Maures sur mer, et force le roi de Grenade à lui payer un tribut de douze mille pièces d'or. Mais le prince maure reprend bientôt les armes et s'empare de Gibraltar, qui lui est livré par trahison.

Les puissantes maisons de Lara et de Haro se soulèvent. Alphonse disperse les mécontens, et fait exécuter publiquement don Alonze de Haro. Cet exemple d'une juste sévérité épouvante une noblesse factieuse, dont bientôt l'orgueil est de nouveau humilié. Le roi de Navarre attaque la Castille. Alphonse donne le commandement de toute sa cavalerie, où servaient un grand nombre de nobles, à Martin Fernandez, officier d'un rare mérite, mais dont la naissance était obscure. Les Navarrois sont battus. Une derniere tentative de rébellion échoue encore; Alphonse ayant enfin rétabli l'ordre dans le royaume, assiége la forteresse de Ronda, occupée par les Maures. Le défaut de vivres le force à lever le siége, mais l'armée musulmane ne tarde pas à paraître. Les Chrétiens remportent la victoire; et telle fut la résistance désespérée des vaincus, et la fureur implacable des vainqueurs, que pas un seul Maure n'échappa au glaive. Le roi de Maroc, exaspéré par la perte de son fils et de son armée, réunit deux cent mille combattans. Alphonse demande du secours au roi de Portugal son beau-père, et bat le monarque africain qui repasse le détroit. Touché du service que le roi de Portugal lui avait rendu, il renvoie Eléonore, sa maîtresse, dont il avait eu quatre fils, l'un desquels, Henri de Transtamare, jouera dans la suite un rôle important. A peu de distance de Gibraltar était Algésiras, place très-forte, dont Alphonse veut s'emparer. Ce siége mémorable dure deux ans. Le bruit du canon se fait entendre pour la première fois en Espagne. La place se rend par capitulation. Quatre ans après, Alphonse meurt de la peste sous les murs de Gibraltar.

### *Pierre-le-Cruel.*

Ici commence un règne dont le tableau fait frémir. Eléonore de Gusman, maîtresse du dernier roi, mais dont il s'était séparé depuis plusieurs années, périt sur un échafaud. Henri de Transtamare, son fils, évite le même sort en prenant la fuite. Avide et sanguinaire, le successeur d'Alphonse disposait, selon ses caprices, de la fortune et de la vie de ses sujets. Les grands se taisent, selon l'usage, tant que l'oppression n'atteint que des têtes obscures. Mais Pierre

4*

bientôt ne garde plus aucun ménagement.

L'éclatante beauté de Maria Padilla inspire au roi une violente passion. Don Juan d'Albuquerque, son favori, sert les amours du prince; les courtisans ne rougissent de rien. Un mariage secret unit les deux amans. Quelque temps après, Pierre épouse publiquement Blanche de Bourbon. Les parens de Padilla sont élevés aux plus hautes dignités. D'Albuquerque en est jaloux et murmure. Instruit que Pierre veut le faire assassiner, il s'enfuit en Portugal.

Blanche est emprisonnée. Une réunion d'évêques de cour prononce le divorce. Pierre épouse Jeanne de Castro et la répudie quelque temps après.

La maison de Castro, Albuquerque, les fils d'Eléonore et d'autres mécontens forment une ligue. Blanche obtient la permission de communier à la cathédrale. Entrée dans l'église elle refuse d'en sortir. Un soulèvement éclate, et Pierre se retire à Ségovie où il rassemble une armée nombreuse. Unissant la perfidie à la cruauté, il annonce l'intention de reprendre Blanche. Tolède ouvre ses portes; vingt deux des principaux citoyens sont exécutés en présence du tyran;

Blanche est renfermée dans la forteresse de Siguenza. Deux fils d'Eléonore, Ferdinand et Tello, avaient promis de ne prendre aucune part aux affaires publiques, et vivaient paisiblement. Pierre fait assassiner Ferdinand, et Tello n'échappe au même sort qu'en prenant la fuite.

Juan d'Aragon, parent du roi et son ministre, demande la récompense de ses services; il est poignardé. Eléonore, tante de Pierre, témoigne de la pitié pour le triste sort de la reine Blanche, elle meurt empoisonnée. Blanche elle-même périt bientôt après de la même manière. Et puis on nous dira qu'un pareil monstre, héritier légitime du trône de Castille, régnait par le droit divin! Quel contre-sens en religion et en morale!

Mohamed Barberousse avait détrôné le roi de Grenade qui s'était réfugié à Ronda. Pierre tente une expédition contre Cadix. Les chrétiens tombent dans un piége, sont massacrés ou faits prisonniers. Mohamed voulant se rendre agréable au roi de Castille lui renvoie tous les prisonniers, et consent ensuite à se reconnaître son vassal. Sur l'invitation de Pierre, il vient à Tolède

prêter foi et hommage. Au milieu de la cérémonie, Pierre le fait saisir, le livre à la
dérision de la populace, le poignarde lui-
même, et envoie sa tête au roi de Grenade,
qui remonte sur le trône. Si dans cette circonstance Pierre défendait la légitimité,
on doit convenir qu'il employait d'odieux
moyens, ce qui, après lui, est encore arrivé quelquefois.

Le roi de Castille convoque les états du
royaume, déclare son mariage avec Padilla,
qui était morte peu de temps auparavant,
et fait reconnaître les droits au trône d'un
fils et de deux filles qu'il avait eus de cette
femme. Aucune objection ne s'élève dans
cette assemblée que la terreur subjugue. Il
forme ensuite une alliance avec Charles *le
Mauvais*, roi de Navarre, prince de la maison royale de France. Ces monarques
étaient dignes de se confédérer pour le malheur public. Moins sanguinaire que le roi
de Castille, mais ne reculant pas devant
un crime quand il pouvait servir ses vues,
Charles couvrait ses inclinations perverses
du masque de l'hypocrisie. Doux en apparence, aimable, poli, affectueux, il n'avait
ni principes, ni véritable honneur, ni hu-

manité. Il se faisait un jeu de la perfidie et du parjure. Avec plus de talent et de pouvoir il aurait été le fléau des peuples.

Charles V, roi de France, voulait venger la mort de sa parente, Blanche de Bourbon. De nombreuses troupes d'aventuriers et de bandits, formées d'officiers et de soldats licenciés, qui ne voulaient point reprendre les travaux de la vie civile, infestaient et désolaient les provinces.

Ce n'est pas ainsi que, six siècles après, une armée, pendant vingt ans victorieuse, a subi son licenciement. La douleur dans l'âme, mais soumis à l'autorité légale qui les traitait avec tant de rigueur, deux cent mille hommes ont déposé ces armes qui avaient fait trembler l'Europe, et sont rentrés dans leurs foyers sans commettre le moindre désordre. Que l'on compare les temps, et que l'on vante encore le passé si on l'ose!

Duguesclin, par l'ordre de Charles V, réunit ces bandes, aussi redoutables pour leurs concitoyens que pour l'ennemi, se met à leur tête et les conduit en Espagne, accompagné de Henri de Transtamare, fils naturel d'Alphonse XI, et frère de Pierre-le-Cruel. A l'approche de cette armée, que grossissent les troupes du roi d'Aragon, Pierre, qui était détesté dans ses états, s'enfuit avec ses trésors et cherche un asile auprès d'Edouard, prince de Galles, qui alors gouvernait la Guyenne. Transtamare est couronné à Tolède, et la noblesse castillanne, qui avait prêté serment de fidélité au roi légitime, le prête d'aussi bonne grâce à l'usurpateur. Il faut convenir cependant que l'usurpateur méritait la préférence.

Edouard, surnommé le prince Noir, dont la bravoure et les talens ont été si funestes à la France, entre en Espagne pour rétablir Pierre sur le trône. Henri de Transtamare est vaincu ; le brave Duguesclin tombe au pouvoir de l'ennemi. Altéré de vengeance, Pierre veut faire massacrer tous les prisonniers. Edouard s'y oppose avec fermeté, mais il ne peut obtenir les récompenses qui ont été promises à ses troupes, et repasse les Pyrénées.

Investi de nouveau de la puissance suprême, Pierre fait couler des flots de sang. Ni l'âge, ni le sexe ne sont respectés. La malheureuse Castille est plongée dans le deuil.

Presque tous les princes de l'Europe donnent des secours à Henri de Transtamare. Le pape lui fait présent de sa bénédiction, et, ce qui vaut mieux encore, d'une forte somme d'argent. Henri rentre en Espagne avec Duguesclin, dont on avait payé la rançon. Pierre à son tour est défait presque sans combat, ses troupes l'abandonnent au premier choc; il s'enferme dans la forteresse de Montiel.

Alors Pierre, qui s'est si long-temps joué de la vie des autres, tremble pour la sienne. Il veut entrer en négociation. Dans cette circonstance, Duguesclin, d'ailleurs très-digne d'éloges, ternit sa gloire par une perfidie, qui ne s'accorde guère avec cette loyauté chevaleresque tant prônée. Il consent à une entrevue dans laquelle le roi de Castille est poignardé par son frère Henri de Transtamare. Quels siècles que ceux où l'on voit de telles horreurs! Pierre était un exécrable tyran. Mais la trahison, et le fratricide surtout, n'en sont pas moins des actions révoltantes.

Après la mort de son frère, Henri monte 1369 une seconde fois sur le trône; mais il n'y trouve pa s le repos. L'Angleterre, le Portugal, l'Aragon lui déclarent successivement la guerre. Il repousse leurs attaques et meurt lorsqu'il allait s'occuper du bien-être des peuples.

Juan I<sup>er</sup> du nom, fils de Henri, montre de la valeur et des talens dans une nouvelle guerre contre les Portugais et les Anglais. On signe un traité de paix, et Juan épouse Béatrix, fille unique de Ferdinand, roi de Portugal. L'un des articles du traité porte qu'à la mort de Ferdinand les enfans de Béatrix, sa fille, succéderont à leur aïeul. Le cas se présente deux ans après, mais les Portugais craignant que leur pays ne devienne une province de l'Espagne, choisissent pour leur roi un frère de Ferdinand, fils naturel de son père et de la fameuse Inès de Castro. Le roi de Castille arme pour soutenir ce qu'il appelle les droits de son fils, parvient jusque sous les murs de Lisbonne, est défait, revient avec une autre armée, et perd à Aljubarotta une grande bataille qui le force de renoncer à ses projets. Plusieurs provinces sont dévastées, des milliers d'hommes périssent parce qu'en vertu d'une clause stipulée sans que les peuples aient été con-

sultés, on veut imposer pour monarque à
un pays indépendant un enfant de neuf à dix
mois. De telles prétentions, et les principes sur lesquels on les fonde, n'excite-
raient que la pitié si les effets en étaient
moins désastreux. Il ne faut pas se lasser
de combattre les idées fausses, car elles
font commettre de grandes fautes à des hommes fort estimables sous d'autres rapports.
En effet Juan s'occupait de rendre le peuple heureux; il diminua les impôts, fit
fleurir l'agriculture et le commerce; et son
règne s'annonçait sous de favorables aus-
pices, lorsqu'il mourut à la suite d'une
chute de cheval. L'héritier présomptif du
trône avait reçu auparavant, pour la première fois, le titre de prince des Asturies.

### *Règne trop court d'un bon prince.*

Henri III avait onze ans lorsqu'il fut ap-  1390
pelé à regner. Un conseil de régence, formé des grands de l'état, donna bientôt
lieu à des plaintes multipliées. Une noblesse avide et factieuse se disputait les
places éminentes et le partage du trésor.
Déjà les Maures et le Portugal, instruits

de tous ces désordres intérieurs, se dispo-
saient à en profiter. Le jeune roi, quoique
d'une complexion faible, avait reçu de la
nature un caractère ferme et un esprit
droit. Une ambassade de Charles VI, roi
de France, lui offre des secours contre les
séditieux, s'il en a besoin. Henri, alors âgé
de treize ans, convoque les états, fait dissoudre la régence, et prend en main les
rênes du gouvernement.

La régence avait accordé des grosses
pensions sur le trésor. Henri les réduit ou
les supprime. Les nobles qui crient toujours
à l'injustice quand on réforme les abus,
courent aux armes. Henri, sûr d'avoir pour
lui la masse de la nation, puisqu'il agit
dans ses intérêts, assemble une armée, et
soumet les rebelles qui obtiennent aisément leur pardon; car aucune idée de vengeance n'entrait dans ce cœur généreux.

Les Portugais surprennent Badajoz. Henri
marche à la tête de ses troupes, bat l'ennemi, le force à restituer Badajoz et à signer
une trève de dix ans. Il s'occupe alors avec
succès de l'administration intérieure du
royaume, met de l'ordre dans les finances,
réprime l'orgueil de la noblesse et la force

de plier sous le joug de la loi. Son principe fondamental était *qu'un roi n'est institué que pour faire le bonheur du peuple, et qu'il doit mettre toute sa gloire et tous ses soins à obtenir son amour.* Juste, et plutôt indulgent que sévère, il savait punir à propos, et excitait l'émulation par des récompenses sagement appliquées. Il recherchait les hommes de mérite et les employait sans s'inquiéter de ce qu'avaient fait leurs aïeux. L'ordre et la paix régnaient dans ses états, et il s'occupait des préparatifs d'une expédition qui avait pour but de reconquérir l'Andalousie, lorsqu'il mourut à l'âge de vingt-cinq ans. Les plus sincères regrets l'accompagnèrent au tombeau. Ce règne, trop promptement terminé, repose l'imagination fatiguée de troubles, de combats, et d'exécutions sanglantes. On nous pardonnera de nous y être arrêté avec quelque complaisance ; il est si rare de rencontrer des monarques qui aient un sentiment profond de leurs devoirs, s'en fassent une juste idée, et les pratiquent dans toute leur étendue !

*Règne orageux de Juan II. — Don Alonzo
de Luna.*

1420    Ferdinand, frère de Henri, refusa la
couronne que les états du royaume lui offraient; mais Juan II, fils du dernier roi,
étant mineur, il accepta la régence.

Les Maures restaient rarement tranquilles
pendant une minorité. Ferdinand fait lever
le siége qu'ils avaient mis devant Alcan-
deta, bat leur arrière-garde, et défait sur
mer les pirates de Tétuan et de Tunis. Le
trône d'Aragon devient vacant. Ferdinand
y avait des droits qu'il fait valoir à la tête
d'une armée castillane, et l'emporte sur
ses compétiteurs. Son règne fut très-agité
et d'une courte durée.

Juan II n'avait que quatorze ans lorsqu'il commença à gouverner lui-même.
Henri d'Aragon son parent s'empare de sa
personne, pour exercer le pouvoir en son
nom. Juan parvient à s'échapper, fait arrêter Henri, le remet en liberté à la prière
des rois d'Aragon et de Navarre, marche
ensuite contre les Maures de Grenade, les
défait, revient dans ses états où de nou-

veaux troubles éclatent. Juan règne ainsi
pendant trente ans, ayant presque toujours
les armes à la main contre l'étranger, ou
contre ses propres sujets. Alvaro de Luna,
ministre habile et dévoué, déplaisait aux
nobles par son faste et sa hauteur. Ils font,
pour le renverser, une première tentative
de rébellion qui n'a aucun succès. Mais la
reine et le prince des Asturies se réunissent
à eux; le roi est forcé de renvoyer Alvaro,
et l'autorité passe entre les mains des nobles factieux qui en usent, selon leur cou-
tume, en se distribuant les places et en
spoliant le trésor. La reine et le prince des
Asturies ont eux-mêmes à s'en plaindre et
se réconcilient avec le roi. Alvaro de Luna
se met à la tête des troupes et soumet les rebelles. Le calme paraît rétabli, mais le prince
des Asturies, toujours jaloux d'Alvaro, ne
tarde pas à lever l'étendard de la révolte.
Juan et son fils sont en présence, chacun
à la tête d'une armée, et vont en venir aux
mains. Fidèle, dans cette circonstance, à
l'esprit de paix qui est celui de l'évangile,
et dont il s'écarte trop souvent, le clergé
s'entremet pour empêcher l'effusion du
sang, et parvient à réconcilier les deux

princes. Cependant Alvaro ne marchait
qu'entouré de gardes, et affectait la pompe
d'un souverain. Cette magnificence dépla-
cée blessait le monarque lui-même ; le
prince des Asturies qui en était encore plus
vivement irrité, saisit un moment favorable et détermine le roi à renvoyer son
ministre. Certain de sa disgrâce, Alvaro
veut se venger du grand trésorier Vivaro qui
l'a desservi dans l'esprit du prince. Il l'attire dans son palais et le fait précipiter du
haut d'une tour. Le monarque indigné livre
son favori aux tribunaux. Il est condamné
à mort et monte sur l'échafaud avec une
fermeté qui ne se dément pas un seul instant. Pendant sa vie des haines violentes
s'étaient élevées contre lui. Sa fin tragique
excita l'intérêt en sa faveur. Juan mourut
peu de temps après.

*Henri IV, roi de Castille, de Gibraltar et
de Barcelone. — Sa dégradation en effigie.*

1450    Henri IV, successeur de Juan II, était
loin d'avoir les qualités qui font les grands
rois. Au physique comme au moral, la na-

ture ne lui avait pas prodigué ses dons. Son premier mariage fut annulé pour cause d'impuissance. Cependant il épousa dans la suite Jeanne de Portugal qui, cinq ans après, accoucha d'une fille que l'on déclara héritière du royaume. Il avait souvent reproché à son père l'ascendant qu'il avait laissé prendre à Alvaro de Luna, et lui-même était gouverné par son favori Pacheco. Ce prince commit des fautes nombreuses dont les peuples furent victimes, ainsi que cela arrive toujours. Imprudemment engagé dans une guerre contre les Maures de Grenade, cette expédition, mal conduite, lui aurait été funeste, si les Musulmans n'avaient pas fait la faute de se diviser quand l'ennemi était à leurs portes. La garnison de Gibraltar avait quitté son poste pour prendre parti dans la querelle. Un Maure qui voulait se faire chrétien livre sa forteresse. Ce traître prétendait sans doute avoir fait une action méritoire; mais ces lâches perfidies, de quelque vernis sophistique que l'on s'efforce de les couvrir, ne mériteront jamais que le plus profond mépris. Enorgueilli de cette trop facile conquête, Henri prend le titre de roi de Gibraltar et revient à Tolède.

Les Catalans, nation hardie, brave, jalouse de sa liberté, s'étaient révoltés contre leur reine qui violaient leurs priviléges. Ils offrent la couronne au roi de Castille, qui l'accepte. Plein d'une vanité puérile, il ajoute à ses titres celui de roi de Barcelonne, mais il n'envoie aux insurgés que de faibles secours.

Henri et Louis XI, roi de France, ont une entrevue sur la frontière. Le premier s'y montre avec une magnificence ruineuse. Le second semble outrer la simplicité; mais il emploie ses trésors à corrompre les ministres du roi de Castille, et surtout son favori. Les deux rois se séparent peu satisfaits l'un de l'autre; mais l'astucieux Louis XI avait atteint son but. Pacheco détermine Henri à abandonner les Catalans. Celui-ci s'en repend et disgracie son ministre vendu à l'étranger. Cet acte de justice et de vigueur eut des suites fâcheuses, parce que le roi de Castille ne savait jamais soutenir ses résolutions. Pacheco intrigue, soulève une partie de la noblesse et force le roi à lui accorder la grande maîtrise de Saint-Jacques, objet de son ambition. Les nobles qui étaient restés fi-

dèles à la cause du roi lui reprochent sa faiblesse. Alors ce prince obéissant toujours à
la dernière impression qu'il reçoit, assemble une armée. Le parti contraire en fait
autant, mais la rébellion prend tout-à-coup
un caractère plus grave. Les ligueurs pu-
blient un manifeste, accusent le roi d'avoir
supposé un enfant à sa seconde femme,
prétendent avoir le droit de le juger, et le
dégradent en effigie sur un vaste théâtre
élevé hors des murs d'Avila. Ils proclament
ensuite Alphonse frère de Henri.

Bientôt les armées sont en présence.
Henri s'éloigne au moment de l'action;
son rival au contraire combat avec la plus
grande bravoure; cependant la victoire
reste indécise. Quelques jours après, Alphonse meurt subitement. Alors on entre
en négociation. Le roi de Castille consent
à abandonner les droits de Jeanne sa fille,
dont la légitimité était au moins douteuse.
Isabelle sa sœur est déclarée héritière du
trône, et Pacheco obtient définitivement la
grande maîtrise de Saint-Jacques. C'était
pour arriver à cette dignité que la coupable ambition de cet homme, qui n'était
pas même recommandable par le courage

militaire, avait fait couler le sang, et rempli le royaume de troubles. Pourquoi faut-il que les peuples soient ainsi le jouet de quelques hommes que d'abusifs priviléges mettent trop souvent au-dessus des lois?

Henri, toujours faible et inconséquent, voulut faire revivre les droits de Jeanne sa fille, et la nomma, par son testament, héritière de la couronne; ce qui n'empêcha pas Isabelle de monter sur le trône, après la mort de son frère.

Isabelle avait épousé Ferdinand, roi de Sicile, et qui, à la mort de son père, devait hériter des couronnes d'Aragon et de Navarre. Ce mariage avait été précédé d'un traité rédigé par l'archevêque de Tolède, et dont quelques dispositions méritent d'être connues.

Ferdinand s'engageait d'abord à maintenir les immunités ecclésiastiques, et à conserver aux archevêques de Tolède et de Séville le rang qu'ils occupaient dans l'état; (on voit que monseigneur n'oubliait pas ses intérêts ni ceux de son ordre. Le sénat de France avait peut-être cet exemple sous les yeux, lorsqu'il rédigeait, en avril 1814, son malheureux projet de constitution, )

Le prince s'obligeait, en outre, 1°, à rendre la justice avec impartialité et à n'enfreindre, sous aucun prétexte, les priviléges des villes, places, cités et autres lieux, ainsi que le prescrivait la formule du serment que prêtaient les rois de Castille à leur avénement au trône. ( Combien de fois ce serment n'a-t-il pas été violé!)

— 2° A ne donner aucun ordre qui ne fût revêtu de la signature d'Isabelle, et à lui laisser la nomination à toutes les dignités civiles et ecclésiastiques.

3° A résider dans le royaume de Castille, et à n'admettre au conseil, ou dans les fonctions publiques de toute nature, que des sujets castillans.

4° A faire la guerre aux Maures dès qu'il le pourrait, et à n'en entreprendre aucune autre, sans le consentement de la reine, son épouse.

5° A mettre cette princesse en possession des villes de Crevillon, Elche, Magallon, Borgia, dans le royaume d'Aragon; et de celles de Valence, Syracuse et Catane, dans la Sicile.

Après la mort de Henri, le roi de Portugai voulut faire valoir les droits de Jeanne, sa petite fille; mais il perdit une bataille et renonça à ses projets.

Juan II, roi d'Aragon, avait cédé temporairement le Roussillon et une partie de la Cerdagne à Louis XI, roi de France, comme garantie d'un prêt de trois cents mille couronnes d'or. Louis refusa ensuite de rendre ces provinces.

Juan mourut à quatre-ving-deux ans, et Ferdinand hérita de l'Aragon. La Navarre devint le partage de la comtesse de Foix, qui possédait cet état lorsqu'elle épousa Juan II.

*De l'Europe vers le milieu du 15e siècle.*

1479    A l'exception de la Navarre, du Portugal et du royaume maure de Grenade, tout le reste de la péninsule obéissait à Ferdinand et à Isabelle. Louis XI, roi de France, avait accru le pouvoir royal en abaissant la noblesse, et agrandi ses états, de la Bourgogne, de l'Artois, de la Provence, du Roussillon et de la Cerdagne. Les républiques de Venise et de Gênes, gouvernées par une aristocratie, qui avait au moins le bon esprit de protéger les arts, l'industrie et le commerce, étaient parvenues à un haut degré de splendeur. Cosme de Médicis, simple marchand, s'était emparé du pouvoir à Florence; mais il avait conservé les formes populaires, et rendait ses concitoyens heureux. Rome, autrefois maîtresse du monde, obéissait à un prêtre. François Sforce s'était emparé du duché de Milan. Cet homme commandait, dans le principe, une troupe de ces avanturiers connus sous le nom de *Condottieri*, qui vendaient leur sang à quiconque voulait le payer. Un seul peuple en Europe a conservé cet usage des temps barbares; et c'est précisément celui que ses institutions républicaines auraient dû en préserver.

Les Allemands n'avaient point encore perdu les mœurs à demi-sauvages de leurs ancêtres. Après la mort de Charlemagne, cette vaste contrée était devenue la proie d'une foule de petits tyrans qui la désolaient, et se faisaient les uns aux autres une guerre continuelle. L'autorité impériale reprit de la force lorsque la couronne passa sur la tête de Maximilien, qui déjà possédait la Flandre, les Pays-Bas et la Franche-Comté. L'Angleterre, long-temps puissante sur le continent, n'y conservait plus que la ville de Calais. Constantinople, après un long siége, était tombé au pouvoir des Mahométans, qui y avaient commis d'horribles cruautés.

Tel était l'état de l'Europe, lorsque Ferdinand devint maître de la plus grande partie de l'Espagne. Ce prince, que son zèle intolérant et quelquefois cruel a fait surnommer le *Catholique*, aspirait au pouvoir absolu. Mais ses vues ambitieuses rencontraient de grands obstacles. D'abord, indépendamment des libertés de la Castille, son autorité, dans ce royaume, était resserrée dans d'étroites limites, par celle qu'Isabelle conservait en vertu du traité dont nous avons donné la substance. Dans l'Aragon, qui était son propre domaine, le pouvoir du prince était encore plus restreint. La puissance législative appartenait à un parlement, composé des députés de la noblesse, du clergé, des cités et des villes. Il réglait les impots, et décidait ces grandes questions de la paix ou de la guerre, qui ont tant d'influence sur les destinées des peuples, qu'on s'étonne qu'elles puissent être abandonnées au libre arbitre d'un seul homme. Avec des intentions pures et même des talens, cet homme ne peut-il pas se tromper! En pareille matière, les erreurs sont si graves! Les cortès d'Aragon avaient encore le droit d'inspecter l'administration et les tribunaux. Elles s'assemblaient tous les deux ans. La session durait quarante jours. Le roi ne pouvait ni les proroger ni les dissoudre.

Une institution bien remarquable, était celle du grand justicier, que le roi choisissait dans la noblesse du second ordre, et qui, une fois nommé, ne pouvait être suspendu que par les cortès. Ce magistrat était le conservateur de la constitution, le protecteur des opprimés. Il surveillait la conduite politique du prince, examinait les actes émanés du trône, et pouvait, dans certains cas graves, exclure les ministres du conseil. Si le prince introduisait des troupes étrangères dans le royaume sans l'autorisation du parlement, le grand justicier provoquait une insurrection, et c'était un devoir sacré pour tout Aragonais de prendre les armes. Sa personne était inviolable et il ne rendait compte qu'aux cortès de l'exercice d'un pouvoir

aussi étendu. C'était par son organe que
l'Aragon prêtait au monarque le serment
de fidélité. Voici quelle était la formule de
ce serment justement célèbre. *Nous qui
sommes autant que vous, et qui pouvons
plus que vous, nous vous faisons notre roi,
à condition que vous garderez nos lois : sinon, non.* Le prince ne regardait pas ce
langage un peu fier comme une vaine for-
malité ; car il savait que la constitution
donnait aux états le droit de l'accuser s'il
violait la loi, de le déposer, d'en élire
un autre, fût-il même d'une religion différente. Dira-t-on que dans ce pays le monarque régnait en vertu du droit divin, et
que les peuples ne devaient recevoir leurs
institutions que de lui seul?

Ferdinand travailla sourdement à l'a-
baissement de la noblesse. Il se décora lui-
même, ainsi qu'Isabelle, des titres de
grand-maître de Saint-Jacques, de Calatrava et d'Alcantara, auxquels étaient attachés de gros revenus, et fit confirmer cette
usurpation par le pape. Il protégea aussi,
parce qu'elle déplaisait aux grands, la
*Sainte-Hermandad*, qu'il ne faut pas, du
moins à cette époque, confondre avec le

*Saint-Office.* Cette institution, établie d'abord dans l'Aragon, d'où elle passa en Castille, veillait à la sûreté des personnes et à la conservation des propriétés, poursuivait et faisait juger les criminels, sans avoir égard aux juridictions seigneuriales, dont la multitude et le conflit favorisaient les coupables.

Ferdinand somme le vieil Abul-Hossein, roi de Grenade, grand homme de guerre dans sa jeunesse, de lui payer un tribut : sur son refus, qu'il prévoyait sans doute, il commence les hostilités. La guerre se fait de part et d'autre avec cruauté et acharnement; les succès sont d'abord balancés. Mais Ferdinand est obligé de lever le siége de Loya, après avoir perdu une partie de son armée. Il rentre dans ses états pour faire de nouveaux préparatifs.

### *Révolte d'Abdallah, fils d'Hossein.—Siége de Grenade.*

Au moment où les Maures avaient le plus besoin d'union, des divisions funestes éclatent au milieu d'eux; ces folles discordes ont souvent préparé la chute des états.

Ainsi les Juifs et les Grecs du bas-empire
se battaient à Jérusalem et à Constantinople, pendant que Titus et Mahomet II
étaient au pied de leurs murailles.

Abdallah, fils d'Hossein, se révolte contre son père; le sang des Maures coule dans
la querelle des deux princes; les Chrétiens
s'emparent de plusieurs villes importantes.
Mohammed-el-Zagal poignarde son frère
Abdul-Hossein, usurpe le trône, et abdique bientôt après. Abdallah, couvert de
blessures, livre Loya par capitulation, et
se retire à Grenade, où son autorité est
reconnue.

Ce fut pendant le règne orageux de ce
monarque qu'arriva une catastrophe remarquable, dont les romanciers et les
poètes se sont emparés. Deux familles
puissantes, les *Abencerages* et les *Zégris*,
faisaient éclater en toute occasion leur rivalité; cependant les Abencerages l'em-
portaient par leur bravoure et leur magnificence; Hamet, l'un d'eux, jouissait de
toute la confiance du prince. Mais ce monarque crédule prête l'oreille aux calomnies
d'un Zégris, qui lui persuade que les Abencerages méditent un complot contre sa per-

sonne; il accuse en même temps Hamet
d'entretenir une intelligence criminelle
avec la reine, et affirme qu'il les a surpris
dans la situation la moins équivoque. La
jalousie et la peur rendent Abdallah injuste, perfide et cruel. Il jure la perte des
Abencerages, les convoque dans son palais,
et à mesure que ces infortunés entrent dans
la cour des lions, ils sont égorgés par les
Zégris. Ces loyaux chevaliers ne rougissent
pas de faire le métier d'assassins et de
bourreaux. Trente-six Abencerages périssent de cette manière. Cependant le bruit
de cet horrible massacre se répand dans
Grenade. Toute la ville court aux armes;
les rues sont inondées de sang. Enfin le
calme se rétablit; le roi fait connaître les
motifs qui l'ont fait agir, et déclare que la
reine sera brulée vive dans le délai de
trente jours, si elle ne produit pas quatre
chevaliers qui combattent quatre de ses
accusateurs, et demeurent victorieux. C'é-
tait là sans doute un moyen heureusement
imaginé de faire éclater la culpabilité ou
l'innocence; mais telles étaient les mœurs
du temps. On voit cet usage absurde établi
même chez les chrétiens, que leur religion

aurait dû garantir de pareilles monstruosités.

La reine confie sa défense à l'épée des chrétiens. Elle écrit à Chacon, seigneur de Carthagène, le nomme son champion, et l'invite à amener trois de ses braves amis. Au jour indiqué, Chacon, le duc d'Arcos, le duc d'Aguilar et don Ferdinand de Cordoue se présentent armés à la manière des Maures. Le combat est fatal aux Zégris ; l'un d'eux, en expirant, avoue son crime et reconnaît l'innocence de la reine. Abdallah témoigne le plus vif repentir, mais il ne peut calmer le ressentiment de cette princesse, qui se retire en Afrique. Les Abencerages, indignés, quittent aussi l'Espagne.

Ce tragique événement contribua encore à affaiblir les Musulmans, qui soutenaient contre Ferdinand une guerre malheureuse. Toutes leurs places fortes étaient tombées les unes après les autres, entre les mains d'un ennemi décidé à consommer leur ruine. Les plus grands sacrifices avaient été faits pour atteindre ce but. Isabelle, qui jouissait dans la Castille d'une autorité presque indépendante du roi son mari, avait fourni des troupes et de l'argent. Le florissant royaume de Grenade n'existait plus, à proprement parler. Ses limites ne s'étendaient pas au-delà de quelques lieues autour de la capitale, que Ferdinand vint assiéger avec une armée de soixante mille hommes, animée par les succès, et dont la présence de la reine enflammait encore le courage. Le siége fut d'abord très-meurtrier; on se borna ensuite à former le blocus de la place. Le camp des chrétiens était composé de cabanes couvertes de chaume ou de roseaux. La reine, qui avait l'habitude de lire pendant une partie des nuits, y mit le feu. A la place du camp incendié, on bâtit, pour loger l'armée, une ville qui reçut le nom de *Santa-Fé*. Les Grenadins virent alors qu'il ne leur restait plus d'espoir. Abdallah signa une capitulation, et se retira en Afrique. Sa mère, le voyant répandre quelques larmes, lui dit : « Tu as raison de pleurer comme une » femme la perte d'un royaume, pour la » défense duquel tu n'as pas su mourir » comme un homme.» Ainsi, on a vu, de tout temps, des princes sacrifier des milliers d'hommes au soutien de leur cause, en évitant avec soin de courir personnellement les hasards des combats.

1492 Le 2 janvier, Ferdinand et Isabelle firent leur entrée dans Grenade, dernier boulevard de la puissance des Maures en Espagne ; c'était un grand et mémorable événement. Mais le monarque et son épouse ternirent leur gloire, en violant la capitulation qui garantissait aux vaincus le libre exercice de leur religion. Ces malheureux furent odieusement persécutés, parce qu'ils refusaient de se convertir au christianisme.

Ces mauvais traitemens les poussèrent à la révolte, et l'on employa deux ans à les soumettre. Alors les uns abandonnèrent leur patrie ; les autres, sans quitter l'Espagne, aimerèrent mieux supporter mille vexations que de renoncer au Coran ; d'autres enfin embrassèrent la foi chrétienne pour obtenir du repos ; mais quelle confiance pouvait-on mettre dans de pareilles conversions ? Le gouvernement n'aurait mérité que des éloges, si, éclairant leur esprit, il les avait amenés par la persuasion à changer de croyance : car dans la situation où se trouvait alors l'Espagne, si voisine de l'Afrique, l'unité de culte était une chose désirable en politique comme en morale. Mais rien ne peut jamais excuser ceux qui

emploient la violence, pour étendre l'empire de la religion parce qu'ils agissent contre les intentions et les préceptes formels de
son fondateur.

# SECONDE PARTIE.

Une ère nouvelle commence pour l'Espagne. Soumise à des princes chrétiens dont l'autorité ne rencontrait plus d'obstacle, il était facile d'établir l'ordre et de le maintenir. Une sage tolérance aurait contenu dans le devoir, les sujets juifs et mahométans qui étaient nombreux, et qui, placés sous la protection de lois justes et impartiales, seraient devenus d'utiles et paisibles citoyens. Mais un faux zèle devait long-temps encore entretenir l'agitation dans les esprits, arrêter l'essor de la prospérité publique, conduire à des mesures iniques et désastreuses, accroître le pouvoir de ce terrible tribunal, dont les bûchers, allumés pendant trois siècles, ont dévoré tant de victimes. Le récit successif des faits déroulera ce triste tableau. Nous allons un moment appeler l'attention du lecteur sur un événement qui a changé la face du monde.

### *Cristophe Colomb.*

La découverte de la boussole avait enhardi les navigateurs. Les Espagnols arrivent aux Canaries et s'y établissent. Les Portugais doublent le cap Bojador, et explorent les côtes de l'Afrique. Un bref du saint-père leur accorde la propriété exclusive de diverses contrées qu'ils pourront découvrir. De tous les droits que les papes ont prétendu s'arroger, celui-ci n'est pas le moins étrange, ni le moins ridicule. Diaz atteint le promontoire qui termine l'Afrique au midi. Bâttu par de violens orages, ce navigateur lui donne le nom de cap des *Tempêtes.* Pressentant l'importance de cette découverte, Juan II, alors roi de Portugal, y substitue celui de cap de *Bonne-Espérance,* qu'il a conservé.

A cette époque vivait un homme dont le nom sera immortel. Né à Gênes, d'une famille obscure, Christophe Colomb se trouvait à bord d'un vaisseau qui périt sur les côtes du Portugal. S'étant sauvé à la nage, il entre au service de cette puissance, épouse une Portugaise, et acquiert la répu-

tation d'un habile marin. On a dit que par-
courant l'une des Canaries, il avait trouvé
sur une éminence, dans l'intérieur des
terres, une statue dont les regards étaient
dirigés, et la main droite étendue vers l'occident, et que cette découverte lui avait
fait faire de profondes réflexions. Quelques
écrivains, qui ont parlé de cette statue, prétendent qu'elle avait été élevée par des
Phéniciens ou des Carthaginois, qui, pous-
sés par la tempête jusque sur les côtes de
l'Amérique, et ayant eu le bonheur de revenir en Europe, avaient voulu perpétuer
le souvenir de leur aventure. La mer avait
rejeté sur le rivage des Açores les cadavres
de deux hommes dont les traits ne ressem-
blaient point à ceux des habitans de l'Europe ou de l'Afrique. Cette circonstance
frappa Colomb qui, dirigé d'ailleurs par
ses connaissances astronomiques et les in-
ductions qu'il tirait de la sphéricité de la
terre, devina qu'il devait y avoir à l'ouest
un continent que l'on ne connaissait pas
encore. Frappé de cette idée il se rend à
Gènes, et propose de tenter cette découverte au profit de ses compatriotes. Son
offre ayant été rejetée, il va la renouveller au

roi de Portugal, qui l'écoute avec attention, et expédie secrètement un vaisseau; mais le capitaine qu'il avait chargé de cette mission manque de courage, et rentre dans le port de Lisbonne. Colomb indigné part pour Tolède; où il est froidement accueilli par Ferdinand, qui se souciait peu de faire des dépenses dont il n'apercevait pas les avantages immédiats. Isabelle, plus généreuse et dont les idées étaient moins étroites, se montra disposée à seconder les vues de Colomb. Cependant, malgré la bonne volonté de la princesse, l'esprit de routine, la jalousie, les petits intérêts privés suscitèrent de nombreux obstacles; il s'écoula près de dix mois avant que tous les préparatifs pussent être terminés. Enfin Cristophe met à la voile avec trois petits vaisseaux, et s'élance hardiment sur une mer immense et inconnue. Aujourd'hui que l'on entreprend le voyage d'Amérique avec autant de sang-froid que celui de Paris à Saint-Cloud, on n'est peut-être pas assez frappé de tous les dangers d'une tentative aussi aventureuse. Mais que l'on se reporte au temps, que l'on réfléchisse que, si le nouveau continent n'avait pas existé, il fallait traverser l'océan Altantique et l'océan Pacifique, c'est-à-dire près de cinq mille lieues de mer, avant de retrouver une terre nouvelle, et l'on concevra sans doute toute l'audace d'une expédition dont le succès seul pouvait justifier l'extrême témérité. Mais ce succès même, qui aurait dû élever Colomb à la plus haute fortune, fut pour lui une source de persécutions et de dégoûts. En butte à de basses rivalités, poursuivi par d'odieuses calomnies, ramené en Europe chargé de fers, cet homme justement célèbre, que dirigeait l'amour de la gloire et non un vil intérêt, mena depuis cette époque une vie agitée et malheureuse qu'il finit à près de soixante ans dans un état voisin de l'indigence.

*Conquête de Naples par les Français. — Bataille de Fornoue. — Partage du royaume de Naples.*

Occupés dans la péninsule à combattre les Maures ou à réprimer de fréquentes rébellions, les monarques espagnols ne prenaient point de part aux querelles du reste de l'Europe. Nous allons maintenant les voir franchir le cercle dans lequel la force des choses les avait retenus jusque-là.

Charles VIII, roi de France, médite la conquête de Naples. Il achète la neutralité de l'empereur Maximilien par la cession de l'Artois, et celle du roi d'Angleterre par un présent de sept cent cinquante mille couronnes d'or. Le roi de Castille obtient le Roussillon et la Cerdagne, que Louis XI avait refusé de rendre.

Charles entre en Italie, la traverse en vainqueur, gagne une bataille sur les Napolitains commandés par le frère de leur roi, et se rend maître de la capitale. Mais tandis que le roi de France s'occupe, à Naples, de fêtes et de tournois, Ferdinand forme contre lui une ligue, dans laquelle entrent l'empereur d'Allemagne, la république de Venise, et le pape, cet Alexandre Borgia, si horriblement connu par ses perfidies, ses débauches et ses crimes. Averti du danger qui le menace, Charles VIII revient sur ses pas, rencontre à Fornoue, près de Plaisance, une armée de trente mille hommes qu'il enfonce avec neuf mille Français, et rentre dans son royaume, ne rapportant d'autre fruit de cette imprudente expédition qu'un peu de gloire militaire trop chèrement achetée.

Louis XII succède à Charles VIII, et reprend ses désastreux projets sur l'Italie. C'est un des reproches que l'on peut faire à la mémoire de ce bon prince, qui mérita à bien des égards le beau nom de père du peuple, sous lequel il est connu. Les courtisans lui reprochaient son avarice, mais ce prince ne croyait pas que le trésor public, alimenté par les contributions des citoyens, fût sa propriété personnelle, ni qu'il lui fût permis de l'épuiser pour satisfaire l'avidité insatiable de cette foule d'inutiles vaniteux qui, malheureusement, obsède et entoure toujours les monarques.

Louis franchit les Alpes et s'empare du Milanais. Alors le roi de Castille négocie avec lui un traité secret, dans lequel on convient que le royaume de Naples sera partagé entre les deux monarques. L'indigne pontife Alexandre VI sanctionne ce projet de spoliation, d'autant plus odieux, surtout de la part de Ferdinand, qu'il y avait alors, dans le royaume de Naples, un corps de troupes espagnoles, envoyées comme auxiliaires au roi de ce pays.

Cette convention inique reçut son exécution; mais Louis XII, comme Charles

VIII, fut victime de la mauvaise foi de
Ferdinand. Le duc de Nemours, commandant des troupes françaises dans le royaume
de Naples, fut attaqué par les Espagnols
et les battit. Mais pendant qu'il se reposait
sur la foi d'un nouveau traité conclu entre
Louis XII et Ferdinand, Gonzalve de Cordoue, surnommé le grand capitaine, qui
avait reçu des instructions secrètes du roi
d'Espagne, l'attaqua de nouveau, et demeura victorieux. Le duc de Nemours fut
tué dans la bataille, et les Espagnols restèrent maîtres du royaume de Naples.

Le pape Alexandre VI décora Ferdinand
du titre de *majesté catholique*, et l'un de
ses prédécesseurs avait donné à Louis XI,
roi de France, celui de *très-chrétien*. Ces
deux princes fourbes, dissimulés et cruels,
quoiqu'ils ne le fussent pas au même degré,
étaient, certes, bien mal choisis pour recevoir ces qualifications religieuses.

Le prince des Asturies, fils de Ferdinand
et d'Isabelle, qui donnait de brillantes espérances, mourut, et sa sœur, reine de
Portugal, ne tarda pas à le suivre au tombeau.

Jeanne de Portugal, fille de Henri l'impuissant, et mère d'Isabelle, avait épousé Philippe, archiduc d'Autriche, et fils de l'empereur Maximilien. Ferdinand et Isabelle, se voyant sans postérité, appelèrent Jeanne et Philippe à leur succéder, et les firent reconnaître par les états comme héritiers du trône.

Philippe avait pris une part active au dernier traité conclu entre les rois de France et de Castille, et que Ferdinand avait si indignement violé Craignant que son honneur ne fût compromis dans cette odieuse affaire, l'archiduc se rendit à la cour de France, pour exprimer sa désapprobation. La droiture de Louis XII contrastait admirablement avec la duplicité de Ferdinand. « Si le roi d'Espagne, dit ce monarque, s'est rendu coupable de perfidie, je me garderai bien de l'imiter. J'aime mieux perdre un royaume dont je puis encore faire la conquête, que d'avoir imprimé sur mon honneur une tache que rien ne pourrait effacer. »

Jeanne de Portugal n'était point aimée de son mari, qui ne l'avait épousée que pour acquérir des droits au trône de Castille. Il la quitta bientôt, et cet abandon

égara la raison de l'infortunée princesse.
La reine Isabelle en ressentit un vif chagrin, et mourut peu de temps après, re- 1506
grettée de ses sujets, qui avaient souvent
trouvé en elle une protection puissante contre les rigueurs de Ferdinand. Ce prince
fut d'abord nommé régent de Castille;
mais il n'était point aimé, et un parti puissant voulait investir de l'autorité l'archiduc
Philippe, qui rencontra d'abord de grands
obstacles, les vainquit, et força Ferdinand
à se retirer dans son royaume d'Aragon.

Philippe avait donné jusque-là des espérances qu'il démentit bientôt. La malheureuse Jeanne son épouse, de qui il
tenait ses droits, reléguée au fond du palais, y était retenue dans une sorte de cap-
tivité; ce mauvais traitement acheva d'a-
liéner son esprit. Les Flamands, favoris du
prince, s'emparaient des places ou les vendaient, pillaient le trésor, et excitaient un
mécontentement général, qui était près
d'éclater lorsque Philippe mourut à l'âge
de vingt-huit ans. Charles son fils, qui fut
depuis le fameux Charles-Quint, héritait
du trône de Castille, mais il était très-
jeune encore, et Jeanne sa mère, était

hors d'état de gouverner. Ferdinand fut appelé à la régence. L'empereur Maximilien, aïeul de Charles, élevait des prétentions, et se préparait à les faire valoir par la force des armes. Le roi de France offrit sa médiation, et parvint à empêcher la guerre. C'est ainsi qu'il est permis et honorable, d'intervenir dans les affaires intérieures des nations voisines.

Un pape ambitieux et turbulent, Jules II, forme contre les Vénitiens la ligue dite de *Cambrai*, dans laquelle entrent l'empereur Maximilien, Louis XII et Ferdinand. La République perd la bataille d'Agnadel, gagnée par le roi de France en personne ; elle est à deux doigts de sa ruine. Mais les succès de Louis excitent la jalousie ; le pape Jules traite secrètement avec les Vénitiens, achète des Suisses, et attaque les Français. Il fait lui-même le siége de la Mirandole, et entre dans la place par la brèche. On est justement indigné en lisant les exploits guerriers de ce prêtre et de plusieurs autres, parce qu'ils sont en opposition directe avec l'esprit de la religion. Mais, disent quelques personnes, Jules était en même temps prince temporel :

tant pis ; les soins profanes de la souveraineté ne conviennent point à un prêtre chrétien. Cette contradiction choquante et beaucoup d'autres encore ont perdu la religion
dans l'esprit des peuples. Avant d'accuser la
philosophie, que les ministres des autels
jettent un coup d'œil rétrograde sur leur
propre conduite !

Dans cette nouvelle lutte, les Français
obtiennent d'abord des succès. Gaston de
Foix, qui les commande, reprend Bologne
et Bresoia, gagne la bataille de Ravenne,
où il est tué, à l'âge de vingt-deux ans.
Après sa mort, l'armée française, pressée
par des forces supérieures, évacue l'Italie:
Ferdinand profite de cette circonstance
pour s'emparer de la Navarre, qu'il convoitait depuis long-temps. Jean d'Albret,
prince faible, n'oppose presqu'aucune résistance. Sa femme lui dit : « Si j'avais été
Jean, et vous Catherine, la Navarre nous
appartiendrait encore. »

François Ier, successeur de Louis XII au
trône de France, rentre en Italie, gagne
sur les Suisses la bataille de Marignan, et
fait la conquête du Milanais. Ces nouveaux
triomphes des Français inquiètent Ferdi-

nand, qui, déjà vieux et infirme, veut arrêter leurs progrès. Mais les travaux auxquels il se livre, pour y parvenir, épuisent ses forces, et il meurt dans un village obscur sur la route de l'Andalousie.

1516 Ainsi finit Ferdinand, prince sans foi, sans honneur, sans religion, plus avide de puissance que de gloire. *Avant de me fier aux promesses de ce monarque,* disait un prince italien, *je voudrais qu'il jurât au nom d'un Dieu dans lequel il crût.* Ce fut sous son règne que l'inquisition, acquit en Espagne, une grande partie de cette puissance, que Philippe II affermit encore, et dont les effets ont été si terribles. La protection que ces deux mauvais princes ont accordée à cette épouvantable institution, suffirait seule pour flétrir leur mémoire aux yeux de la postérité.

### Le Cardinal de Ximenès.

Voici encore un de ces prêtres pleins d'ambition et d'orgueil qui, méprisant les saints et paisibles devoirs de leur état; se jettent au travers des intrigues mondaines, et ne rougissent pas de se montrer sur des champs de bataille. Lorsqu'il n'était encore qu'archevêque de Tolède, Ximenès, avec le consentement du prince, leva des troupes à ses frais, se mit à leur tête, passa en Afrique, attaqua les Maures, et s'empara d'Oran. Le pape, pour récompenser son zèle, lui envoya le chapeau de cardinal. Ces deux hommes se montraient-ils de dignes successeurs des apôtres ?

Charles avait seize ans lorsque son grand oncle Ferdinand mourut. Déjà il gouvernait les Pays-Bas sous la direction du duc de Chièvres et d'Adrien d'Utrecht, qui étaient chargés de veiller à son éducation.

Ximenès avait été nommé régent de Castille. Il était ferme et habile, mais ses principes de gouvernement étaient ceux du pouvoir absolu. Pendant le long règne de Ferdinand, les libertés publiques avaient reçu de fortes atteintes; néanmoins ce qui en restait encore exigeait des ménagemens. Charles, dans ses premières dépêches, prenait le titre de roi. Cette prétention blessa les Espagnols, parce que les cortès n'avaient pas encore déclaré Jeanne sa mère incapable de gouverner. Cependant le cardinal-ministre fit reconnaître Charles comme roi à Madrid. Mais l'archevêque de

Sarragosse ne put en venir à bout dans l'Aragon, qu'il administrait.

Ximenès créa des corps de troupes régulières, pour diminuer l'influence de la noblesse, qui, mécontente de cette innovation, lui envoya des députés chargés de lui demander quels étaient les pouvoirs qu'il avait reçus du prince. « Messieurs, répondit le cardinal, en montrant aux députés un gros corps de troupes rangées en bataille, avec plusieurs pièces de canon, voilà mes pouvoirs; ne les trouvez-vous pas suffisans? » Cette réponse a été fort admirée, et le sera sans doute encore par des contemporains, chauds partisans de pareilles doctrines. Cependant, qu'est-ce autre chose qu'établir le droit du plus fort?

Le duc de Chièvres, l'un des ministres de Charles, était d'une avarice sordide : il vendait les places au plus offrant; les Flamands trafiquaient de tout, et le peuple espagnol murmurait. Ximenès invita le jeune roi à venir prendre possession de ses états; mais les favoris du prince, qui craignaient l'ascendant du cardinal, le retinrent longtemps encore dans les Pays-Bas. Enfin, Charles se décide à partir en Espagne.

Ximenès, arrêté par une indisposition, lui écrit et demande une entrevue qui est refusée. Il reçoit la permission, c'est-à-dire l'ordre de se retirer dans son diocèse, et expire quelques heures après. Cet homme de mœurs austères, à qui le peuple attribuait le don des miracles, avait de grands talens et un caractère prononcé. La conduite du prince à son égard fut marquée au coin de l'injustice et de l'ingratitude : faut-il s'en étonner? On reconnaît ici la fatale influence des courtisans, fléau des peuples et des rois.

### Charles-Quint, Empereur.—Établissement de la Germanada.

Les cortès de Castille ne consentirent à reconnaître Charles, comme roi, qu'autant qu'il partagerait ce titre avec Jeanne sa mère ; mais elles lui accordèrent sans peine un don volontaire de 6oo,ooo couronnes d'or. Les Aragonais furent beaucoup moins généreux, et ne donnèrent que deux mille ducats. L'autorité du nouveau monarque s'y établit difficilement Il est vrai que les Flamands qui l'avaient accompagné, donnaient lieu à des plaintes graves. Ils envahissaient toutes les places importantes, dilapidaient le trésor de l'état, et faisaient passer dans les Pays-Bas le fruit de leurs rapines. Les villes de la Castille se confédérèrent et adressèrent au roi des représentations qui ne produisirent aucun effet.

L'empereur Maximilien meurt, et Charles, son petit-fils, se met sur les rangs pour lui succéder. François I$^{er}$, roi de France, était son plus redoutable compétiteur. Cependant le choix des électeurs ne se porte d'abord ni sur l'un ni sur l'autre; la pluralité des suffrages se réunit en faveur de Frédéric, duc de Saxe, prince vertueux et sage, qui refuse la couronne impériale, mais qui contribue à la faire passer sur la tête du roi d'Espagne.

1519 Charles apprit son élection avec des transports de joie. Les Espagnols ne la virent pas du même œil. Ils prévirent que cette élévation du prince les engagerait dans des guerres où leur or et leur sang seraient prodigués pour des intérêts étrangers. Ces pressentimens ne se sont que trop vérifiés dans la suite.

La noblesse de Valence refuse de reconnaître le cardinal Adrien pour vice-roi. D'un autre côté, le peuple voyait avec chagrin les priviléges oppressifs des barons, et voulait les détruire par la force. Irrité contre les nobles, Charles l'autorise à rester en armes, ce qui était sanctionner le principe de l'insurrection. Alors le peuple chasse de la ville tous les membres de la noblesse, se choisit des magistrats, et forme une association sous le nom de *Germanada* ou fraternité. Ce n'était là que le prélude de troubles beaucoup plus sérieux.

Impatient d'aller en Allemagne jouer son nouveau rôle d'empereur, Charles convoque les cortès à Compostelle, au lieu de Valladolid, qui était le lieu ordinaire de leur réunion. Les vues du monarque n'échappent point aux clairvoyáns Espagnols qui, de toutes parts, élèvent des réclamations. Charles n'y a aucun égard, force les états, qui n'ont point d'appui au milieu des montagnes de la Galice, à lui accorder les subsides qu'il demande, et s'embarque pour les Pays-Bas, après avoir nommé Adrien gouverneur du royaume.

## Révolution en Espagne.

1520 Le départ du prince fut le signal du soulèvement. La haine de l'étranger forme le caractère distinctif de la nation espagnole. Quoique le cardinal fût l'un des plus modérés parmi les Flamands, sa nomination déplut beaucoup, et le mécontentement devint universel, quand on sut que les cortès avaient accordé les subsides sans obtenir le redressement d'aucun grief. De tout côté l'on court aux armes, le sang coule, et les plus déplorables excès se commettent impunément.

Ronquillo, l'un de ces juges sans honneur ni pitié, dont la conscience est toujours aux gages du pouvoir, reçoit l'ordre de se rendre à Tolède avec un gros corps de troupes, et de frapper avec le glaive de la justice toutes ces têtes séditieuses qui veulent que l'on gouverne selon les lois. Tolède ferme ses portes. Padilla, jeune homme plein d'ardeur et de courage, que les insurgés avaient mis à leur tête, attaque Ronquillo, le met en fuite, et s'empare de la caisse militaire. Les deux partis portent au loin le ravage et la dévastation.

Au milieu de cette affreuse anarchie, les chefs des communes se réunissent à Avila, et forment une assemblée qui prend le nom de *Junte* ou *Sainte-Ligue*. Ils protestent de leur fidélité au roi, et s'engagent en même temps à rétablir les libertés publiques. La junte persuade au peuple que l'infortunée Jeanne a recouvré la raison, et rend en son nom plusieurs décrets, l'un desquels ôte au cardinal Adrien le gouvernement du royaume. Padilla enleva le sceau de l'état et les archives qui étaient à Valladolid.

L'empereur Charles-Quint, dont l'injuste partialité, le despotisme et la mauvaise administration étaient la cause première de tous ces désordres, daigne offrir un généreux pardon aux mécontens. Il donne en même temps au grand amiral, et au connétable de Castille, l'ordre de soumettre par la force tous ceux qui résisteraient encore.

La Sainte Ligue publia un tableau érergique des abus dont elle demandait la réforme. En voici les principaux traits. Le roi devait résider en Espagne, et renvoyer les étrangers qui avaient envahi presque

toutes les places. On insistait pour qu'à
l'avenir le gouvernement n'exerçât aucune
influence directe ou indirecte sur la nomination des députés aux cortès. Ces repré-
sentans de la nation ne devaient recevoir ni
places ni pensions, soit pour eux soit pour
des membres de leur famille. (Ainsi les inquiétudes très-légitimes qu'inspirent les
hommes qui sont dans la dépendance du
pouvoir ne sont pas nouvelles. Malheureusement ce système de corruption d'une
part, et de lâches complaisances de l'autre
s'est propagé de siècle en siècle, et l'on en
voit chaque jour encore les tristes résultats). Enfin la junte voulait que les terres
des nobles fussent assujéties à l'impôt,
que les indulgences ne pussent être pu-
bliées, dans le royaume, sans le consentement des états, et que les évêques fussent
tenus de résider au moins six mois de l'année dans leurs diocèses.

Les nobles avaient fait cause commune
avec la Sainte Ligue, tant qu'ils ne virent
en elle qu'un moyen d'opposition à l'autorité royale. Mais lorsqu'ils s'aperçurent
qu'elle s'occuppait du bonheur public et
tendait à restreindre les priviléges abusifs

de l'aristocratie, ils armèrent contre elle,
et la guerre civile recommença avec fureur. Les succès furent assez long-temps
balancés; mais la junte s'étant laissé tromper par d'insidieuses négociations, perdit
une partie de ses avantages. Son armée,
affaiblie par les désertions, fut battue. Padilla, qui la commandait, tomba au pouvoir de l'ennemi, qui le fit exécuter sans
forme de procès. Sa femme, qui avait
donné des preuves de dévouement, de
courage et de présence d'esprit, s'enferma
dans Tolède où elle résista pendant dix
mois. Elle eut le bonheur de s'échapper et
passa en Portugal.

L'Aragon, qui avait plus heureusement
conservé ses libertés, fut moins agité que
la Castille; mais dans le royaume de Valence, le peuple, irrité contre les nobles,
les chassa des villes, pilla leurs châteaux,
dévasta leurs propriétés. Après la défaite et
la mort de Padilla, la Germanada se trouva
hors d'état de résister aux forces réunies
contre elle; et le calme se rétablit peu-à-
peu.

*Rivalité de Charles-Quint et de François I<sup>er</sup>.*

1521. François I<sup>er</sup> ne pardonnait pas à Charles-Quint de lui avoir ravi la couronne impériale. Il veut profiter des troubles de l'Espagne pour conquérir la Navarre, et traverse les Pyrénées. Mais les braves Espagnols suspendent aussitôt leurs malheureuses querelles, et se réunissent contre l'ennemi commun, qui est repoussé hors du territoire. La guerre continue sur la Meuse, l'Escaut et en Italie.

L'empereur fait un traité avec le pape Léon X, pour enlever le Milanais aux Français. La reine, mère de François I<sup>er</sup>, haïssait Lautrec, qui les commandait en chef. Elle a l'indignité d'arrêter les fonds destinés à payer l'armée. Douze mille Suisses, qui en faisaient partie, fidèles à leur amour pour l'argent, abandonnent Lautrec, qui ne peut les payer, et qui, après la malheureuse affaire de la Bicoque, est forcé d'évacuer l'Italie. A la nouvelle de ce succès inespéré, le pape Léon X éprouve une joie si vive, qu'il en meurt. Charles-Quint fait élever Adrien, son ancien précepteur, sur le trône pontifical.

François I<sup>er</sup> envahit de nouveau la Navare, et prend Fontarabie. Charles passe en Espagne, et s'y montre sous un jour plus avantageux que la première fois. Un de ses courtisans offrait de lui découvrir la retraite d'un proscrit. *Vous feriez bien mieux d'avertir cet homme de ma présence,* répondit le prince avec dédain : *il ne peut me causer aucune inquiétude, et il a au contraire tout à craindre de moi.* Les Castillans, ravis des nouvelles dispositions qu'ils croyaient remarquer dans leur roi, s'empressèrent de lui accorder des subsides considérables : tant il est facile aux monarques de gagner l'affection des peuples. Quand ils en sont haï, ont doit croire qu'ils l'ont bien mérité.

Le duc de Bourbon, connétable de France, persécuté par la reine mère, cède à un coupable désir de vengeance. Il forme, contre sa patrie et son roi, une ligue dans laquelle entrent l'Empereur et le roi d'Angleterre. Tandis que ces deux princes attaqueront la France, l'un par les Pyrénées, l'autre du côté de la Picardie, il doit, lui, entrer dans la Bourgogne, à la tête d'un corps de troupes allemandes. La trame est découverte, cependant l'exécution du projet n'est point arrêtée ; mais les ennemis de la France sont repoussés sur tous les points. Une armée française , commandée par l'amiral Bonnivet , entre de nouveau en Italie, et s'empare d'une partie du Milanais.

1520 Les mines du Mexique, découvertes depuis trente ans , commençaient à enrichir l'Espagne : Charles employait l'or du Nouveau-Monde à se créer des alliances. Voulant recouvrer la Navarre, il fait le siége de Fontarabie, que le commandant français rend lâchement au premier coup de canon. Il envoie ensuite une partie de son armée en Italie, où Bonnivet , accablé par des forces supérieures , est obligé de reprendre le chemin de la France. Ce fut dans cette retraite que le chevalier Bayard , combattant à la tête de l'arrière-garde française, fut blessé à mort , et expira le dos appuyé contre un arbre, et le visage tourné vers l'ennemi.

Le duc de Bourbon , vil instrument des projets formés contre sa patrie, fait le siége de Marseille. François I<sup>er</sup> l'attaque, le presse, franchit les Alpes , traverse le

Piémont, et entre dans Milan, par une porte, tandis que les impériaux sortaient par l'autre ; mais au lieu de poursuivre l'ennemi et d'achever sa défaite, il forme le siége de Pavie. L'armée espagnole se rallie, reçoit des renforts, et vient attaquer les Français qui combattent avec une grande valeur ; mais les Suisses abandonnent leur poste, et la bataille est perdue. 1525 Le roi de France est fait prisonnier et conduit en Espagne, où il est traité avec peu d'égards. Le duc de Bourbon, au contraire, est reçu par l'empereur avec la plus grande distinction ; mais les nobles Castillans ne dissimulent pas le mépris que leur inspire son odieuse conduite. Le marquis de Villéna, invité par Charles-Quint à céder son palais au connétable de France, répond : *« Je ne puis me refuser à la demande de Votre Majesté ; mais je la prie de ne pas être étonnée, si, après le départ du connétable, elle voit brûler jusqu'aux fondemens une maison qui, souillée par la présence d'un traître, ne peut plus servir à l'habitation d'un homme d'honneur.*

François I<sup>er</sup> signe un traité onéreux, et 1526 recouvre la liberté ; il s'était engagé à rendre la Bourgogne ; mais il s'y refuse , et la guerre éclate de nouveau. Les rois de France et d'Angleterre , le pape, les Vénitiens et le duc de Milan s'étaient ligués contre Charles , dont la puissance et l'ambition donnaient de justes inquiétudes. Le duc de Bourbon , qui commandait l'armée impériale en Italie, est tué sous les murs de Rome. Il est remplacé par Philibert , prince d'Orange , qui livre cette ville au pillage, et retient le pape prisonnier. L'empereur fait faire des prières publiques pour la délivrance du saint père , qu'un ordre de sa main pouvait remettre en liberté. Comment ce prince ne sentait-il pas le ridicule d'une telle conduite ? D'un autre côté , les rois de France et d'Angleterre , qui faisaient la guerre depuis un an , s'avisent tout à coup de la faire déclarer avec solennité par des hérauts d'armes. Quelle dérision ou quelle inconséquence !

Lautrec, qui commandait l'armée française, traverse les Alpes, prend Alexandrie et Pavie , marche sur Rome , en chasse les impériaux, les poursuit jusqu'à Naples, où il les enferme. Le génois, André Doria , amiral de François Iᵉʳ, bloquait le port avec une flotte. Né citoyen d'une république, Doria était peu fait au langage des cours. Sa franchise offense les ministres du roi de France, qui donne l'ordre de l'arrêter. Doria, indigné, s'échappe et va offrir ses service à Charles-Quint. Alors la fortune change ; le siége traîne en longueur. La mort de Lautrec jette le découragement dans l'armée, que les maladies affaiblissent. Elle capitule, et on la conduit jusqu'aux frontières de France sans armes et sans drapeaux. Tel fut l'effet d'un moment de mauvaise humeur du prince. Le sage dit que la colère des rois est terrible ; plus souvent encore elle est funeste aux peuples et à eux-mêmes.

Cependant, on était généralement fatigué de la guerre ; les princes Chrétiens signent un traité de paix à Cambrai.

Charles veut aller visiter ses domaines d'Allemagne. Tranquille et florissante, l'Espagne lui donne, avant son départ, des marques touchantes de reconnaissance et d'attachement. Les états reconnaissent son fils Philippe, encore enfant, comme héritier du trône.

La réforme de Luther, faisait alors en

Allemagne , des progrès que l'empereur s'efforça vainement d'arrêter. Les fanatiques intolérans et cruels , qui ne savent opposer que la violence et les supplices aux opinions qui leur déplaisent , se plaignirent de quelques ménagemens qu'il voulut garder. Ils accusèrent la faiblesse du prince, et même ses sentimens religieux. Le mal était ailleurs. Ce n'était pas quelques points de doctrine , plus ou moins inintelligibles, mais bien les richesses et les mœurs également scandaleuses du clergé , qui donnèrent si beau jeu aux réformateurs.

1530     Le grand-seigneur, Soliman, qui s'était déjà avancé jusque sous les murs de Vienne, et avait été repoussé, se préparait de nouveau à envahir l'Autriche avec une armée formidable. Charles réunit ses troupes , parmi lesquelles on voyait des Espagnols et des Italiens , et avec cent vingt mille hommes, il bat les trois cent mille Turcs qui avaient déja pénétré dans ses états.

De retour en Espagne , il entreprend de remettre sur le trône de Tunis, Muley-Hassen, que Barberousse , amiral de Soliman avait forcé de se réfugier à la cour impériale. Cette expédition, qui rendit la liberté à vingt mille esclaves Chrétiens, fut couronnée d'un plein succès; mais la débauche, le pillage et le massacre de trente mille hommes égorgés dans Tunis, déshonorèrent les vainqueurs.

A cette époque, Pizarre fondait au Pérou, qu'il venait de conquérir, la ville de Lima, devenue ensuite la capitale de ce riche pays.

Une nouvelle guerre, plus désastreuse que les précédentes, éclate entre l'empereur et le roi de France, et dure plusieurs années. Après avoir fait répandre beaucoup de sang en pure perte, les deux monarques signent, à Nice, une trève de dix ans.

Les ruineuses expéditions de Charles-Quint mécontentent les Espagnols, qui se plaignent de ce que leur sang et leur or sont prodigués dans des guerres auxquelles ils n'ont aucun intérêt direct. Ils refusent les subsides que Charles leur demande. Indigné d'une résistance qui blesse le droit incontestable qu'il croit avoir sans doute de disposer à son gré de la fortune et de la vie de ses sujets, le monarque dissout les cortès, et déclare qu'à l'avenir les nobles et les prélats n'en feront plus partie; se

fondant sur ce que ceux qui ne payaient
point d'impots, ne devaient s'occuper ni
de leur quotité, ni de leur répartition. Ce
prétexte avait quelque chose de plausible;
il signalait du moins une injustice choquante. La noblesse, qui perdait une grande
partie de son influence, sentit alors la faute
qu'elle avait faite, en séparant ses intérêts
de ceux du peuple. Cette innovation fut
un coup funeste porté à l'autorité et aux
droits des cortès, qui ne furent presque
plus autre chose qu'un instrument servile,
placé dans la main du gouvernement,
pour légaliser le despotisme et l'oppression.
Tels ont été de nos jours ce sénat si mal
nommé *conservateur*, et ce ridicule simu-
lacre de corps législatif, à qui la parole
était interdite. Telles seront peut-être encore d'autre législatures , instituées en
apparence dans l'intérêt général, mais dont
la composition fallacieuse exclurait toute
manifestation libre de la véritable opinion
publique.

Dans son ardeur pour l'établissement du
pouvoir absolu, l'Empereur n'épargna pas
même sa ville natale. Gand jouissait de
grands priviléges; ils avaient été violés.

Les députés de cette ville apportent au pied du trône leurs respectueuses doléances : elles sont repoussées avec hauteur. Alors les Gantais prennent les armes. Charles traverse la France pour aller *châtier les rebelles*, les soumet par la force, fait périr sur l'échafaud vingt-six des principaux habitans, en condamne un grand nombre à l'exil, déclare, *de sa pleine puissance, certaine science, et autorité royale*, la ville privée de ses priviléges, et en confisque les revenus à son profit. Voilà quelles sont trop souvent la justice et la bonté des rois que tourmente la soif d'une domination illimitée!

Ce fut pendant qu'il se trouvait à la cour de François Ier, à qui il avait demandé le passage dans ses états, qu'un courtisan, bien digne de ce nom, osa proposer de le retenir prisonnier. Heureusement le roi de France résista à la tentation ; une pareille infamie l'aurait couvert d'opprobre dans l'histoire. C'est bien assez de ses prodigalités, de ses scandaleuses amours, de ses guerres désastreuses, de ses rigueurs excessives contre les Protestans. Le même prince qui disait, après la bataille de Pa-

vie, *tout est perdu fors l'honneur*, ne croyait
pas que l'honneur lui défendît de faire
brûler vifs des malheureux qui n'avaient
d'autre tort que de ne pas interpréter comme le clergé romain quelques dogmes
obscurs.

Pendant près de quinze années encore,
Charles est engagé dans des guerres presque continuelles. Enfin, fatigué des affaires et tourmenté par une goutte cruelle,
dont les accès devenaient, chaque jour,
plus fréquens, l'empereur abdique, et se
retire dans un couvent de l'Estramadure.
Là, il passe son temps à chanter au chœur
avec des moines, et meurt bientôt après
dans la cellule d'un hiéronimite. Ainsi finit
ce prince qui, pendant cinquante ans, avait
agité l'Europe. Nous avons vu, dans ces
derniers temps, un homme dont le génie
plus puissant encore avait abaissé à ses
pieds tous les rois de l'Europe, mourir de
chagrin, ou de quelque chose de pis, sur
un rocher brûlé par le soleil du tropique.
Quelles leçons pour les ambitieux !

*Philippe II.—Traité de Cateau-Cambresis.*

Ferdinand, frère de Charles-Quint, est appelé à l'empire d'Allemagne. Philippe II, son fils, hérite des couronnes d'Espagne, de Naples, et de Sicile, du Milannais, de la Franche-Comté et des Pays-Bas. En Amérique, de vastes contrées étaient soumises à sa domination. Les mines du Chili, du Pérou, du Mexique, portaient l'abondance dans son trésor. Une armée aguerrie, une flotte nombreuse affermissaient sa puissance. Son règne pouvait être paisible et glorieux; car la véritable gloire des rois, comme leurs devoirs rigoureux, consistent à faire le bonheur des peuples. Mais Philippe ne comprenait ni la vraie gloire, ni les saintes obligations de la royauté. Combien d'autres ne les ont pas mieux comprises !

Un vieillard octogénaire, recommandable jusque là par une vie sainte et austère, monte sur le trône pontifical. Mais bientôt Paul IV jette le masque de la modération. Le père commun des fidèles arme ses enfans, et les fait s'entre égorger pour arrondir ses domaines. Comment une aussi coupable ambition peut-elle entrer dans le cœur d'un prêtre tout près de descendre dans la tombe !

Henri II, fils de François I<sup>er</sup>, régnait alors en France. Catherine de Médicis, sa mère, et Diane de Poitiers, sa maîtresse, gagnées par les présens de Paul IV, déterminent le faible monarque à recommencer la guerre en Italie et dans les Pays-Bas. Un souverain pontife ne rougit pas de recourir à ces honteux moyens. Dans le délire d'un orgueil déplorable, il fait présenter au collége des cardinaux une accusation juridique contre Philippe II, qui avait donné asile à des hommes que sa sainteté déclarait rebelles. L'ambassadeur espagnol est arrêté. Philippe, élevé par des prêtres, avait pour eux une vénération superstitieuse. Il ne savait point séparer la cause de la religion de celle de ses ministres, qui, trop souvent, la déshonorent par des passions que l'Evangile condamne. Ce fut avec beaucoup de répugnance qu'il donna l'ordre au duc d'Albe, gouverneur à Naples, de marcher sur Rome. Paul, voyant les Espagnols s'approcher, conclut une trève de quarante ans, et la viole, sur l'avis que vingt mille Français marchent à son secours. La guerre continue, en Italie, sans résultats remarquables. Dans les Pays-Bas, elle se faisait avec vigueur. Le roi d'Angleterre avait fait cause commune avec Philippe II. La Picardie et la Champagne sont envahies et ravagées, parce qu'un prêtre ambitieux et vindicatif veut satisfaire ses ressentimens et donner, en Italie, des principautés à ses neveux. Les Français perdent les batailles de Saint-Quentin et de Gravelines. Saint-Quentin capitule, Dunkerque est pris d'assaut, et Paris est menacé. Paul IV, alarmé des succès de Philippe II, se détache du roi de France ; mais il exige que le duc d'Albe, tant en son nom, que comme représentant du roi d'Espagne, vienne lui demander pardon d'être entré en armes dans ses états. Un tel excès de déraison et d'orgueil est à peine concevable. Mais ce qui doit étonner davantage encore, c'est la sottise, et l'on peut même dire la bassesse du monarque victorieux et offensé, qui se soumet, par un esprit de bigotterie servile, à une pareille dégradation de la majesté royale. Peu de

temps après, les puissances belligérantes
signent un traité de paix à Cateau-Cam-
brésis.

### *De l'Inquisition. — Siége de Malte.*

C'est dans nos provinces méridionales
que l'inquisition a pris naissance, pendant
la cruelle guerre que l'on fit aux Albigeois.
L'ambition du pape Innocent III, et le
zèle ardent, mais peu éclairé, de Saint-Do-
minique, posèrent les fondemens de cet
odieux tribunal, qui heureusement ne jeta
point parmi nous de profondes racines. Le
moine Dominique était Espagnol, et il fit
à son pays ce funeste présent.

L'inquisition s'établit d'abord en Aragon, et passa ensuite dans le royaume de
Castille. Pendant près de deux siècles, son
pouvoir n'eut rien de très-alarmant. Mais
Ferdinand et Isabelle s'en servirent contre
les Maures et les Juifs, et lui donnèrent
une extension effrayante. Charles-Quint sut
le contenir dans des bornes plus étroites.
Il était réservé à Philippe II , d'accroitre
et de consolider l'horrible puissance de ce
tribunal de sang, qui, par sa froide cruauté,

sa cupidité insatiable, le secret et la perfidie des formes de la procédure, et l'effroi qu'il jetait dans toutes les classes de la
société, a si bien mérité l'exécration du
genre humain. Que ceux qui veulent prendre une juste idée de cette institution,
unique dans l'histoire par son atrocité,
lisent attentivement l'ouvrage de M. Llorente. Ils n'y trouveront ni déclamation,
ni lieux communs, mais une épouvantable série de faits recueillis sur des pièces
originales et authentiques, racontés avec
le calme d'un homme honnête et modéré
qui laisse rarement éclater son indignation.
Il est impossible qu'aucun esprit droit résiste à la conviction que produit cet important travail, qui est moins une œuvre
littéraire complétement élaborée, qu'une
excellente collection de matériaux réunis
avec impartialité, conscience et bonne foi.
L'auteur, prêtre catholique, très-attaché
à la religion et à la doctrine de l'église,
avait secouru, avec le zèle d'une charité
vraiment évangélique, plus de cent cinquante prêtres français réfugiés en Espagne. Réfugié lui-même en France depuis 1814, ce vénérable ecclésiastique, âgé

de soixante et dix ans, et sans fortune, a reçu tout à coup, au mois de décembre 1822, dans la saison la plus rigoureuse, l'ordre de quitter Paris dans les vingt-quatre heures, et de retourner en Espagne. Ce sont des prêtres, dit-on, qui ont sollicité cette mesure, et des magistrats français, renommés pour leur piété, qui l'ont ordonnée. Comment donc la religion est elle comprise, si elle n'inspire pas même les simples égards de l'humanité la plus commune? Obligé de voyager au milieu d'un hiver très-rude, de faire plusieurs lieues à pieds dans les Pyrénées, au travers des glaces et des neiges, M. Llorente est mort peu de temps après son arrivée à Madrid.

Les idées fausses que Philippe s'était faites de la religion, le rendaient accessible à toutes les superstitions des esprits faibles, et son caractère dur, sombre, dépourvu de tout sentiment d'humanité, le disposait au fanatisme le plus intolérant. Un tel homme était le protecteur-né de l'inquisition. Echappé à un naufrage, il fit vœu de consacrer sa puissance à l'extirpation de l'hérésie. Pour atteindre ce but, il ne con-

nut d'autres moyens que la rigueur et les
supplices. Les inquisiteurs avaient déjà
livré aux flammes un grand nombre de
personnes convaincues ou soupçonnées de
partager les opinions des protestans. Il en
restait trente trois, dont la condamnation
était prononcée, lorsque Philippe arriva à
Valladolid. Ce prince les fit brûler en sa
présence. « O roi ! lui dit un de ces infortunés, en passant devant lui. Comment
pouvez-vous être témoin des tourmens
horribles au milieu desquels vont périr des
sujets qui ne vous ont pas offensé ? Sau-
vez-nous de cette mort cruelle que nous
n'avons pas méritée.—Non, répondit le
monarque furieux, je porterais moi-même
le bois pour brûler mon propre fils, s'il était
aussi coupable que vous. Quel était donc
ce crime énorme ? Tout au plus une erreur
de jugement sur quelques points de doctrine enveloppée d'obscurité. Qui ne croirait que Philippe adorait ces divinités im-
pitoyables des Carthaginois, des Mexicains
et des Druides, dont les autels étaient
arrosés de sang humain !

Le roi d'Espagne épouse Elisabeth, fille
de Henri II, roi de France, et fixe son

séjour à Madrid, qui devient la capitale du royaume. Charles-Quint avait passé sa vie à parcourir l'Europe, et à faire la guerre en personne. Aussi ambitieux, mais moins actif et moins brave, Philippe voulait parvenir au même but sans sortir de son palais.

Le fameux corsaire Dragut, ravageait les côtes de la Méditerranée. Philippe équipe une flotte dont il confie le commandement au duc de Médina-Celi, homme faible, et général inhabile. Le duc, au lieu d'attaquer sur-le-champ Tripoli, but de l'expédition, prend possession de l'île de Gerba, située à peu de distance, et perd un temps précieux à fortifier le château. Dragut rassemble ses forces, fond sur les Chrétiens, détruit une partie de leur flotte, et disperse le reste. Le duc de Médina se réfugie à Malte, et laisse Alvaro de Sandé avec un petit nombre de braves, pour défendre le château de Gerba, que douze mille hommes investissent. Quoique certain de ne pas être secouru, Alvaro oppose la plus vive résistance. Le canon renverse les murailles, on se bat au milieu des ruines. Sommé de se rendre, il assemble ses intrépides compagnons. Voulez-vous, leur dit-il, devenir esclaves, ou mourir glorieusement les armes à la main ? Mourir, s'écrient-ils tous d'une voix. Alvaro leur distribue ce qui reste de vivres, et au milieu de la nuit, ils se précipitent dans le camp ennemi, où ils font un horrible carnage. Accablés par le nombre, ils périssent tous, à l'exception d'Alvaro et de deux autres qui parviennent à gagner un vaisseau espagnol naufragé. Au point du jour on les voit l'épée à la main et couverts de leurs boucliers, attendant l'ennemi. Tant de bravoure et de constance excite l'admiration des barbares. On offre à Alvaro un traitement honorable, et peu de temps après, le roi d'Espagne paie sa rançon.

A cette époque où les Turcs, qui s'étaient emparés de Constantinople, faisaient aux Chrétiens une guerre continuelle, les chevaliers de Malte rendaient d'éminens services dans la Méditérranée. Leur marine était l'effroi des corsaires, et souvent elle se mesurait avec la marine militaire des Ottomans. L'empereur Soliman résolut d'attaquer cet ordre, alors si redoutable, jusque dans ses foyers, et n'épargna rien pour réussir dans cette entreprise. Une armée nombreuse, parfaitement approvisionnée en munitions de guerre et de bouche, fut transportée à Malte, où elle débarqua sans résistance. Elle se répandit dans l'île, et y mit tout à feu et à sang. La place fut ensuite investie et resserrée de près. Jean de la Valette, grand maître de l'ordre, que cette défense a immortalisé, n'avait avec lui que sept cents chevaliers, et huit mille hommes de troupes. Tous jurèrent entre les mains de leur brave commandant, de vaincre ou de mourir à leur poste.

Il n'entre pas dans notre plan de donner un récit circonstancié de ce siége mémorable dont les détails sont d'ailleurs généralement connus. Nous n'en dirons que ce qui se rattache à l'histoire d'Espagne, qui nous occupe spécialement.

Les assiégés se défendaient avec un courage admirable, et chaque jour ils portaient la mort dans les rangs de l'ennemi. Mais ces combats sanglants et multipliés les affaiblissaient, et ils tournaient leurs regards inquiets vers la Sicile, d'où ils attendaient du secours.

Un armement considérable était préparé

à Messine par les ordres de Philippe, qui pouvait acquérir une grande gloire en volant au secours de ce boulevard de la Chrétienté. Mais ce prince égoïste et inaccessible à tout sentiment généreux, aimait mieux prouver son zèle pour la religion en livrant au supplice les malheureux protestans, dont il fallait se borner à dissiper l'erreur, ou réprimer les complots s'ils en formaient.

Philippe donna au vice-roi de Naples l'ordre secret de ne point se hâter de mettre à la voile dans la crainte de faire courir quelques risques à l'expédition, qui resta si long-temps dans les ports de la Sicile, que sous un chef moins habile, et avec une garnison moins dévouée, la place serait tombée entre les mains des Musulmans. Ne voyons nous pas encore une nation chrétienne abandonnée à toute la fureur de cet ennemi de notre religion, parce que les froids calculs d'une politique étroite et impitoyable ne permettent pas qu'on l'aide à secouer le joug de fer qui pèse sur elle depuis quatre siècles ?

Enfin six mille vétérans Espagnols, commandés par ce valeureux Alvaro de Sandé, dont nous avons rapporté le brillant fait d'armes, débarquent dans l'île, attaquent les Turcs réduits à seize mille hommes de quarante-deux mille qu'ils étaient, les forcent à lever le siége, et les poursuivent jusqu'à leurs vaisseaux après leur avoir fait éprouver une perte considérable. L'île de Malte est délivrée, et l'Europe méridionale échappe à un grand danger.

### *Révolte des Pays-Bas.*

Philippe, toujours dominé par le désir de combattre les nouvelles doctrines, et ne voulant recourir qu'aux moyens de repression et de force, avait établi, dans les Pays-Bas, un tribunal qui, sans porter le nom odieux d'inquisition, marchait au même but. Les opinions religieuses y devinrent des crimes que la mort seule pouvait expier.

La prévention prit un tel caractère d'atrocité, que Viglius, l'un des ministres de Philippe, et bien digne de l'être par son fanatisme impitoyable, ne put s'empêcher de dire que des rigueurs aussi excessives répugnaient à la conscience.

Une ligue se forma pour résister à l'oppression, et recouvrer les libertés publiques, que les édits, publiés par le duc
d'Albe, au nom du roi, avaient anéanties.
Mais ces premiers efforts furent infructueux, et ne produisirent d'autre effet que
de rendre plus intolérable le joug affreux
qui pesait sur ce malheureux pays. Le
sang coula en abondance dans les champs
de bataille et sur les échaffauds.

Ce fut alors que la mort de don Carlos,
prince des Asturies, acheva d'aigrir les
esprits. On avait une si mauvaise opinion
de Philippe II, que la voix publique l'ac-
cusa d'avoir fait périr son propre fils. Cet
attentat réel ou supposé excita en Flandre
un soulèvement plus dangereux que le premier. Les troupes que le duc d'Albe envoya contre les rebelles, furent battues,
et le duc d'Arembourg qui les commandait, perdit la vie. L'implacable gouverneur, furieux de cet échec, fit décapiter
trente-deux nobles, parmi lesquels on
distinguait les comtes de Horn et d'Eg-
mont. Une foule de victimes plus obscures
périrent également par la main du bourreau. Quarante ans de guerres acharnées

1571

furent le résultat de ces cruelles exécutions.

Depuis que Ferdinand avait cessé de vivre, et pendant le long règne de Charles-Quint, les Maures d'Espagne avaient pratiqué librement leur culte sans exciter le moindre trouble. Philippe permet à l'inquisition d'allumer de nouveau ses bûchers au milieu d'eux. Les Maures se soulèvent, mais ils ne peuvent résister aux forces que l'on envoie pour les soumettre. Le marquis de Mondégar commandait l'armée. Il implore lui-même en leur faveur la clémence royale ; mais le monarque toujours inexorable, fait vendre comme esclaves tous les prisonniers au-dessus de onze ans, sans distinction d'âge ni de condition.

Ce barbare traitement indigne les Maures, qui courent aux armes de nouveau, sans considérer le danger auquel ils s'exposent. Une partie des troupes royales, qui n'étaient point payées, se joint à eux, et le royaume de Grenade est livré à la plus horrible confusion. Philippe, effrayé, ôte le commandement au marquis de Mondégar, pour en revêtir don Juan d'Autriche, fils naturel de Charles-Quint, qui pousse

la guerre avec vigueur , et bat les rebelles
sur tous les points. Les uns périssent les
armes à la main ou dans les supplices ; les
autres sont livrés à l'esclavage. Le calme
renaît ; mais c'est la paix des tombeaux : les
villes sont désertes , et les campagnes dépeuplées.

Dans les Pays-Bas, le duc d'Albe exerçait des cruautés inouïes contre les protestans. Tous ceux qui habitaient la ville de
Rotterdam furent massacrés dans un seul
jour ; à la même époque , Charles IX,
digne émule de Philippe II , ordonnait la      1575
Saint-Barthélemy , où périrent cent mille
Français , lâchement assassinés. Cette affreuse journée, pour laquelle le pape Sixte-
Quint ne rougit pas de rendre à Dieu de
solennelles actions de grâce , est, depuis
long-temps, placée au rang des plus grands
crimes dont l'histoire ait gardé le souvenir.
Il était réservé à notre siècle de voir des
écrivains , dévoués à la défense de doctrines aussi abjectes que funestes, faire une
honteuse apologie de ces abominables attentats , en les présentant comme une rigueur salutaire.

On regrette de voir les vieilles bandes espa-

gnoles, qui avaient acquis tant de gloire dans
les combats , servir d'instrument aux horreurs dont les Pays-Bas étaient alors le théâtre. Zutphen, Marden, Malines ,sont livrées
à une soldatesque effrénée qui pille, viole
et égorge Huguenots et Catholiques; les
rues sont inondées de sang. Harlem s'était
rendu par capitulation ; neuf cents de ses
habitans sont mis à mort sous les yeux du
duc d'Albe. Le lendemain de son arrivée
dans cette malheureuse ville, il en ordonne
le pillage , et un massacre général. Cet
homme si cruel se vantait à son retour en
Espagne , d'avoir fait périr dix-huit mille
protestans par la main du bourreau.

*Le Portugal est envahi par l'Espagne.*

Le Portugal , sagement gouverné par
des rois qui plaçaient leur gloire dans le
bonheur public , était arrivé à un haut
degré de prospérité. Sébastien, qui régnait
alors , ne suit point l'exemple de ses prédécesseurs. Il conçoit d'abord la folle pensée de passer aux Indes avec une armée,
pour marcher sur les traces d'Alexandre-le-
Grand. Il forme ensuite le projet de ren-

dre la couronne au roi de Maroc, qui avait
été détrôné, débarque en Afrique avec une 1578
armée peu nombreuse, s'enfonce dans le
pays malgré les représentations de ses
généraux, est enveloppé par l'ennemi et
expire sur le champ de bataille, où toutes
ses troupes sont massacrées. Le cardinal
Henri, grand oncle de Sébastien, très-
avancé en âge, et infirme, monte sur le
trône, et meurt un an après. Alors, les
prétendans à la couronne remplissent le
royaume de troubles. Un parti puissant se
déclare en faveur de don Antonio, prieur
de Castro, qui est proclamé roi ; mais Philippe, ainsi qu'Antonio, descendait par les
femmes, de la famille régnante qui venait
de s'éteindre : il fait entrer en Portugal 1580
trente-cinq mille vétérans Espagnols. Antonio perd deux batailles et se réfugie en
France. L'autorité du roi d'Espagne est reconnue, et les colonies suivent, quoiqu'a-
vec répugnance, l'exemple de la métropole.

## *Assassinat du Prince d'Orange.*

L'acquisition du Portugal augmentait
beaucoup la puissance de Philippe ; les

Flamands n'en sont pas effrayés. Le prince
d'Orange les détermine à secouer le joug
d'un monarque pour qui aucun droit n'est
sacré, et qui ne veut régner que par les
supplices. Catholiques et Protestans se ral-
lient à sa voix pour défendre la cause commune. Alors Philippe, dont l'irritation est
montée à son comble, publie un édit de
proscription, et promet à celui qui tuera
le prince d'Orange, vingt-cinq mille couronnes d'or, et le pardon de tous les crimes qu'il aurait pu commettre, quelqu'é-
normes qu'ils fussent.

1581    Un jeune biscayen séduit tout à la fois
par la récompense pécuniaire, et par l'espoir du paradis que lui promet son confesseur, blesse le prince d'Orange. Il est
tué sur la place, et le prêtre reçoit, de la
main du bourreau, le prix de ses affreux
conseils. Quelque temps après, un autre
1584 misérable, que Guillaume avait comblé de
bienfaits, lui tire un coup de pistolet dont
il meurt sur-le-champ. En apprenant cette
nouvelle, Philippe s'écria : *si le coup eût
été fait il y a dix ans, la religion Catholique et moi y aurions beaucoup gagné.* L'une
et l'autre auraient gagné davantage à une

conduite plus humaine, qui aurait prévenu l'insurrection.

### *Expédition contre l'Angleterre.*

La mort du prince d'Orange effraya les Flamands, qui demandèrent du secours à Elisabeth, reine d'Angleterre. Le prince de Parme, successeur du duc d'Albe, était un général habile. Il gouvernait avec sagesse, et obtenait plus d'un genre de succès sur les insurgés. Elisabeth fit passer, dans les Pays-Bas, des troupes commandées par son favori Leicester, qui ne sut pas faire usage des moyens mis à sa disposition. Mais le fameux amiral Drake, fit beaucoup de mal aux Espagnols dans les Indes occidentales. Alors Philippe fit construire dans les ports du royaume de Naples, de la Sicile et de l'Espagne, beaucoup de vaisseaux d'une grandeur extraordinaire, et les peuples concoururent avec zèle à cet armement, qui reçut le nom *d'invincibile Armada*. Mais le succès ne répondit point à cette pompeuse dénomination. L'invincible Armada fut battue par les Anglais et par d'horribles tempêtes ; Philippe rendit

grâces à Dieu de ce que dans cette malheureuse expédition, il n'avait péri que trente
mille hommes et cent vaisseaux.

1589  Henri III, roi de France, venait de tomber sous le poignard d'un moine. Henri de
Navarre, appelé à lui succéder, était pro-
testant, et avait à vaincre une opposition
formidable. Philippe conçut l'espoir de
placer sur sa tête la couronne de France,
ou du moins de retirer de grands avantages
des troubles intérieurs qui agitaient ce
royaume, et il ne négligea rien pour les
accroître. Mais ce fut en vain qu'il prodigua
l'or, qu'il fournit des troupes aux ligueurs,
qu'il fit jouer tous les ressorts de son artificieuse politique; Henri-le-Grand, après
une longue lutte, acheva de triompher des
obstacles qui lui avaient fermé le chemin
du trône, en embrassant la religion catholique.

*Revers de Philippe II. — Fin de son règne.*

Dans les Pays-Bas, Maurice de Nassau,
second fils du prince d'Orange, que Philippe avait fait assassiner, soutenait, par sa
bravoure et ses talens, le courage des insur-

.gés. En France, la ligue était détruite, mais la guerre continuait entre les deux nations. Un corps espagnol, vaincu sur la frontière de la Picardie, par le maréchal de Biron, tomba ensuite dans une embuscade où il fut entièrement détruit. Le prince Maurice obtenait des succès et gagnait du terrain sur l'archiduc Albert, qui lui était opposé. Au milieu de ces revers, Philippe, qui avait toujours sur le cœur la perte de l'invincible Armada, voulut se venger de la reine Elisabeth, dont l'Irlande, peuplée de catholiques, supportait impatiemment la domination Il travailla d'abord à faire soulever cette île, et forma le dessein d'y opérer une descente. Il équipa en conséquence une flotte considérable, mais Elisabeth le gagna de vitesse. Cent soixante vaisseaux de toute grandeur sortirent des ports d'Angleterre et de Hollande, et surprirent l'opulente ville de Cadix d'où ils remportèrent vingt-quatre millions de ducats. Le succès de cette expédition, qui accusait la faiblesse et l'imprévoyance de Philippe, mit ce prince au désespoir. Il redoubla l'activité de ses préparatifs, que facilitait l'arrivée récente des galions d'A-

mérique. Enfin une flotte immense mit à la
voile ; mais à la hauteur du cap Finistère
elle fut accueillie par une horrible tempête. Cinquante vaisseaux furent submergés
avec les hommes qui les montaient ; le
reste rentra dans le port pour n'en plus
ressortir.

Ce dernier désastre fut le terme d'une
ambition qui avait troublé l'Europe sans
jeter cet éclat qui, trop souvent, fascine les
imaginations. Philippe avançait en âge, et
il parut vouloir jouir de quelque repos. Il
fit la paix avec la France, donna sa fille Isabelle en mariage à l'archiduc Albert, et
lui céda en même temps ses droits sur les
Pays-Bas. Le *démon du midi* termina bientôt après son orageuse carrière, en témoi-
gnant un repentir trop tardif des rigueurs
excessives auxquelles il s'était laissé en-
traîner.

*Siége d'Ostende. — Fin de la guerre des
Pays-Bas.*

Philippe III, fils du dernier roi, avait
vingt-quatre ans lorsqu'il monta sur le
trône. C'était un prince sans talent et sans

caractère, qui se laissa gouverner par un favori insolent et présomptueux. L'Espagne était alors dans une situation peu heureuse. Appauvrie d'hommes et d'argent, elle voyait son agriculture négligée; le commerce et l'industrie languissaient. Un ministre habile et homme de bien aurait facilement guéri ces plaies de l'état, car les ressources étaient grandes encore; mais le duc de Lerme, uniquement occupé du soin de se faire des créatures pour conserver le pouvoir, multiplia les emplois, quand la détresse du trésor commandait au contraire la plus sévère économie. Cet homme avait eu sans doute des modèles; il a trouvé du moins de nombreux imitateurs.

L'archiduc Albert, devenu souverain des Pays-Bas, devait être secouru par l'Espagne. Mais depuis la mort de Philippe II, il ne recevait que des promesses qui n'arrêtaient pas les progrès des insurgés. Une partie des troupes qui lui restait encore fut détruite auprès de Leffingen, après avoir combattu avec la plus éclatante valeur.

Le port d'Ostende était tombé entre les mains des Hollandais qui l'avaient fortifié.

C'était un point important pour leurs communications avec l'Angleterre. L'archiduc résolut d'en former le siége. Le canon ayant fait brêche aux remparts, Albert ordonna l'assaut. Les vieilles bandes espagnoles et italiennes s'y portèrent avec la plus grande ardeur; mais les assiégés, voyant que leur ville allait être emportée l'épée à la main, lâchèrent les écluses qui étaient leur dernière ressource. Repoussés par l'impétuosité des eaux, les assaillans virent leur retraite fermée par la cavalerie, qu'Albert avait placée derrière eux pour les empêcher de reculer, et demeurèrent exposés sans défense au feu des batteries de la ville. Enfin cette cavalerie reçut l'ordre de se retirer, mais les soldats se plaignirent hautement d'une mesure que leur dévouement et leur courage, si long-temps éprouvés, n'avaient pas méritée. Au lieu de leur donner quelque satisfaction, Albert fit saisir cinquante de ceux que l'on appelait les plus mutins, et ordonna qu'on les conduisît au supplice. C'est ainsi que, communément, les puissans de la terre réparent leurs torts. Dans leurs froids calculs, comme dans l'emportement de la passion, ils se jouent avec impudeur de la vie des hommes, qu'une inexplicable destinée soumet à leurs caprices. Le siége d'Ostende, l'un des plus mémorables des temps modernes, fut alors converti en blocus.

Le duc de Lerme, en recourant aux expédiens les plus ruineux, avait équipé deux flottes. La première, destinée à conquérir Alger, fut maltraitée par un ouragan et obligée de se réfugier dans les ports de la Sicile. La seconde alla débarquer six mille hommes en Irlande, où ils furent faits prisonniers par les Anglais.

La mort de la reine Elisabeth mit fin à la guerre entre l'Angleterre et l'Espagne. Le duc de Lerme envoya dans les Pays-Bas des troupes, dont une partie fut prise sur mer par les Hollandais, et noyée de sang-froid, cruauté révoltante, et que ne justifient ni n'excusent les atrocités commises contre eux-mêmes. Le duc Albert, ayant reçu des renforts, reprit le siége d'Ostende qui se rendit enfin après un siége de trois ans.

Un marchand hollandais, détenu pour dettes à Lisbonne, conçut le projet d'enlever aux Portugais une partie du commerce de l'Inde. Aidé par des compatriotes qui lui fournirent les moyens de sortir de prison, et de tenter cette entreprise, il jeta les fondemens de cette célèbre compagnie hollandaise qui, en enrichissant le pays, acquit elle-même d'immenses richesses.

Les états de Hollande conçoivent le dessein d'une expédition hardie. Heemskirk, officier d'un rare mérite, met à la voile avec vingt-six vaisseaux, et vient attaquer dans la baie de Gibraltar la flotte espagnole qu'il disperse et détruit en grande partie. Il est emporté par un boulet, au milieu des cris de victoire que poussent ses compagnons d'armes. Consternée de cette défaite, la cour de Madrid consent enfin à négocier, sous la médiation de Henri IV, avec les provinces unies. On signe une 1609 trève de douze ans, et ces malheureuses contrées, qui ont si long-temps combattu pour la liberté et l'indépendance, vont enfin jouir d'un repos chèrement acheté.

*Nouvelle expulsion des Maures. — Conspi-*
*ration de Venise.*

Librés des soins de la guerre des Pays-
Bas, Philippe III, et son ministre pouvaient travailler efficacement au bien-être
de l'Espagne. Mais dominés tous deux par
une dévotion superstitieuse, ils lui firent
une plaie que le temps n'a pas encore cica-
trisée.

L'archevêque de Valence, Ribera, fanatique comme un moine ignorant, quoiqu'il
eût, à ce que dit l'histoire, de l'esprit et
des connaissances, présenta au roi un mémoire dans lequel il peignit les Maures
sous les plus odieuses couleurs. Il s'indi-
gnait de leur attachement à la religion de
Mahomet, et prétendait que le gouvernement n'avait pas de plus dangereux ennemis, quoique ces hommes demeurassent
soumis et paisibles, quand ils n'étaient pas
odieusement persécutés. Tel était l'emportement de la passion qui égarait ce mauvais prêtre, qu'il leur faisait un crime de ce
qui aurait dû être pour eux un sujet d'é-
loges. C'est ainsi que pour exciter la ja-

lousie et l'inquiétude du roi d'Espagne et de son ministre, il appelait leur attention sur l'état florissant des campagnes cultivées par les Maures, et couvertes d'une population nombreuse, tandis qu'un grand nombre de villages chrétiens offraient un aspect triste et misérable.

Philippe, qui aurait dû repousser ces plaintes calomnieuses, et se féliciter de l'aisance dont jouissait une partie de ses sujets, médita, au contraire, un de ces grands actes d'injustice et d'inhumanité, qui seuls suffiraient pour flétrir le plus beau règne.

Sous le prétexte de préparer une expédition contre les Africains, on réunit des troupes dans le royaume de Valence, et des vaisseaux sur les côtes. Lorsque tout fut prêt, on publia l'édit royal: il ordonnnait, sous peine de mort, à tous les habitans qui professaient la religion de Mahomet, de se rendre sur le rivage, pour être transportés en Afrique. Un cri d'horreur et de désespoir s'éleva de tous côtés. La noblesse du pays plaida elle-même auprès du roi la cause de ces infortunés ; mais ses instances furent inutiles, et cette barbare mesure reçut son exécution; ceux qui s'enfuirent dans les montagnes y furent chassés comme des bêtes fauves. Les mêmes scènes de désolation furent répétées dans la Castille, l'Aragon et le royaume de Grenade. Six cent mille individus furent ainsi enlevés à l'agriculture, à l'industrie et au commerce. Privés de leurs propriétés, arrachés au sol natal, jetés sans moyens d'existence sur les sables brûlans de l'Afrique, la plupart y périrent de misère. Cinquante ans après, la révocation de l'édit de Nantes a montré de nouveau combien il est facile aux monarques, dont le pouvoir est sans limites, de fouler aux pieds les droits les plus sacrés de l'humanité et de la justice.

Henri IV, qui voulait établir en Europe un ordre tel que la tranquillité de cette partie du monde fût rarement troublée, méditait l'abaissement de l'Autriche et de l'Espagne, dont la puissance et l'ambition rompaient l'équilibre général. Ce fut alors que ce grand prince fut assassiné par Ravaillac.

Le duc de Savoie, qui convoitait le Milanais, était entré dans les projets du feu roi. Ce fut contre lui qu'éclata le ressentiment

1612

de l'Espagne. Attaqué par le marquis de Villa-França, qui commandait à Milan, Emmanuel était vivement pressé, lorsque le nouveau roi de France, Louis XIII, se déclara en sa faveur. Les Espagnols, qui avaient d'abord obtenu de grands avantages, furent repoussés à leur tour, et bientôt après un traité de paix mit fin aux hostilités.

Le marquis de Villa-Franca, le duc d'Ossuna, vice-roi de Naples, et le marquis de Bedmar, ambassadeur à Venise, formèrent le criminel projet de s'emparer de cette république, et de la soumettre à l'Espagne. Les plus odieux moyens furent mis en œuvre pour parvenir à ce but. Le marquis de Bedmar, profanant son caractère d'ambassadeur, fit entrer dans la ville et soudoya une troupe de brigands, qui devaient y mettre le feu, pendant que des vaisseaux chargés de soldats devaient l'attaquer à la faveur du désordre causé par l'incendie. Le complot fut découvert au moment où il allait être exécuté. Tous les conspirateurs que l'on put saisir furent punis du dernier supplice ; la vie du marquis de Bedmar fut épargnée. C'était par lui que le châtiment aurait dû commencer.

*Le duc de Lerme supplanté par son fils*
*Philippe IV.*

Le ministre de Philippe III n'était point entré dans la conspiration de Venise ; il ne la connut même que lorsqu'elle eut échoué ; toute son ambition se bornait à conserver les bonnes grâces du maître. Le duc de Lerme s'imagina qu'il affermirait son autorité, en engageant le pape à lui accorder le chapeau de cardinal, et ce fut précisément ce qui le perdit. Le respect qu'imprimait au dévot monarque cette haute dignité ecclésiastique, lui fit éprouver, dans ses relations avec son ministre, une gêne qui devint de l'éloignement. Dans cet état de choses, le duc de Lerme commit la faute d'introduire auprès de Philippe le duc d'Uzeda, son fils, qui plut au prince, et gagna sa confiance. Le duc de Lerme, sentant que son rôle était fini, se retira dans ses terres, et n'eut pas, dans sa disgrâce, la consolation d'être accompagné par les regrets publics. Le nouveau ministre ne se montra pas plus que son père digne des éminentes fonctions auxquelles il avait été

appelé. Pendant que l'Espagne, autrefois
si puissante, tombait peu à peu dans le
mépris; que les Hollandais élevaient leur
commerce sur les ruines de celui du Portugal, le favori donnait à l'imbécille monarque des tournois et des fêtes, et l'amu-
sait avec des cérémonies religieuses et des
processions.

Ferdinand, roi de Bohême et de Hongrie, reconnu héritier de l'empereur Mathias, était un de ces zélés catholiques,
comme on en voit encore de nos jours, qui
veulent étendre leur domination sur toutes
les consciences. Les réformés étaient nombreux en Bohême; inquiétés dans l'exercice de leur culte, ils se soulèvent contre
Ferdinand. Frédéric, électeur palatin, qui
aspirait à la couronne, vient se mettre à
leur tête. Mathias meurt; Ferdinand lui
succède. Sa puissance s'est accrue, et lorsque des concessions justes et raisonnables
auraient suffi pour apaiser les troubles,
il ne veut recourir qu'à la force pour soumettre les rebelles. Une guerre furieuse,
comme toutes celles qui ont la religion
pour motif ou pour prétexte, ravage la
Hongrie, la Bohême et le Palatinat. Fer-

dinand demandé du secours au roi d'Espagne, son parent, et les Espagnols vont répandre leur sang dans le nord de l'Europe
pour des intérêts de famille, tout-à-fait
étrangers au bien-être et à la gloire de
leur patrie.

La Valteline obéissait depuis long-temps
aux Grisons; elle était heureuse et paisible.
Le roi d'Espagne, en sa qualité de duc de
Milan, fait revivre des prétentions suran-
nées pour s'emparer de ce pays. Les prêtres catholiques excitent le zèle amer de ce
qu'ils appellent les fidèles, contre les malheureux protestans, qui sont attaqués, spo-
liés, chassés et massacrés. Au milieu de ces
scènes de désordre et de carnage, les troupes espagnoles en prennent possession. On
frémit d'indignation et d'horreur, quand
on considère les moyens abominables que
la politique des princes, de ceux même qui
se disent religieux, emploie quelquefois
pour parvenir à ses fins. Philippe III 1621
meurt, quelque temps après avoir con-
sommé cette dernière injustice.

Philippe IV, son fils et son successeur,
n'avait que seize ans à son avénement au
trône. Il était, ainsi que son père, destiné

9*

à être gouverné par un favori. Le premier
ministre, comte d'Olivarès, médite de
grands projets. Il veut soumettre l'Europe
entière, sinon à la domination directe, du
moins à l'influence des deux branches de
la maison d'Autriche; mais ses premières
tentatives ne sont pas heureuses. Le roi de
France, le duc de Savoie et les Vénitiens
forcent l'Espagne à séquestrer la Valteline
entre les mains du pape.

1622    La trève de douze ans, signée entre l'Espagne et les Provinces-Unies, venait d'expirer. Olivarès ordonne le siége de Berg-
op-Zoom qui résiste, et où dix mille hommes périssent. Dans les grandes Indes, la
ville de Batavia, fondée par les Hollandais, portait un coup funeste au commerce
des Portugais.

Richelieu, homme de génie, mais qui
ne connaissait d'autre droit que la force,
d'autre règle que son inflexible volonté,
forme entre l'Angleterre, la France, les
Provinces-Unies et le duc de Savoie, une
ligue contre l'empire et l'Espagne. Sa qualité de cardinal ne l'empêche pas d'ordonner au marquis de Cœuvres de chasser de
la Valteline les soldats du pape; ce qui n'é-

tait pas difficile. De son côté, le comte d'Olivarès écrit au commandant des troupes dans les Pays-Bas : *Prenez Bréda,* et Bréda est pris. On croit que le chagrin qu'en conçut le prince Maurice de Nassau hâta sa mort.

Alors commençait cette fameuse guerre de trente ans, qui a couvert l'Europe de sang et de ruines. L'armée impériale obtient d'abord de grands succès. Les Anglais veulent surprendre Cadix, et sont repoussés. L'empereur Ferdinand, qui avait épousé la sœur du roi d'Espagne, forme le projet d'étendre ses conquêtes en Italie, mais il est bientôt contraint d'y renoncer. Louis XIII passe les Alpes à la tête de trente mille hommes, qui venaient, après un an de siége, de prendre la Rochelle sur les protestans, et Ferdinand, qui était menacé en Allemagne par le grand Gustave, fait sa paix avec la France. 1630

Le roi de Suède trouve dans les champs de Lutzen une mort glorieuse. Le comte d'Olivarès, qui redoutait les talens et la réputation de ce grand capitaine, reprend l'exécution de ses desseins ambitieux. Il surprend la ville de Trèves, et s'empare

de la personne de l'électeur, sur le simple
soupçon que ce prince s'était allié à la
France. Richelieu, indigné, fait déclarer la
guerre à l'Espagne. Les succès et les revers
se balancent. Le prince Thomas de Savoie,
général au service de l'Espagne, est battu
auprès de Maëstricht. En Italie, les Espagnols demeurent victorieux sur les bords
du Pô. Mais peu de temps après, le général français, duc de Rohan, obtient de
grands avantages dans la Valteline, sur les
troupes espagnoles et allemandes réunies.
La guerre continue ainsi, pendant plusieurs années, sans résultats remarquables.
Les Espagnols versaient leur sang partout,
et pour tous les intérêts, excepté pour eux
et chez eux. Mais bientôt ils vont être attaqués sur leur propre territoire. Un gouvernement oppressif et inhabile est toujours
pour le pays une source de calamités.

1639   Le prince de Condé débarque en Espagne, et assiége Fontarabie. Les fiers Castillans s'indignent de voir l'étranger sur le
sol national. Ils accourent en foule sous les
drapeaux de l'amirante, qui, profitant de
l'ardeur dont ils sont animés, attaque les
Français, fait lever le siége de la place, et

force le prince de Condé à regagner ses vaisseaux.

### Révolte des Catalans.

La victoire de Fontarabie, une insurrection en Portugal, réprimée sur-le-champ, des succès en Italie et dans les Pays-Bas, portèrent au plus haut degré la présomption du comte d'Olivarès : mais la fortune ne tarda pas à l'abandonner. La flotte espagnole fut battue à la vue de Dunkerque ; l'infant frère de Philippe, qui commandait dans les Pays-Bas, perdit une partie de son armée en marchant au secours d'Arras, et Loganez, parent du ministre, se laissa surprendre devant Casal par le comte d'Harcourt. Ces revers aigrirent les esprits.

Les Catalans, si connus par l'énergie du caractère et leur amour de l'indépendance, jouissaient encore de grands priviléges, qui chaque jour étaient violés avec impudeur. Ils firent des remontrances que l'on ne daigna pas écouter. Mais, pour les contenir dans la soumission, on envoya chez eux des troupes qui se livrèrent aux plus grands excès. Le gouverneur s'étant emparé d'une somme considérable, qui appartenait à la ville de Barcelonne, ce dernier acte d'un pouvoir oppressif et spoliateur comble la mesure du mécontentement. Les habitans de cette ville populeuse courent aux armes, et massacrent le viceroi. La province tout entière se soulève au cri de «la liberté ou la mort!» et les troupes sont chassées au-delà des frontières.

Un corps de trente mille hommes marche contre les révoltés, et commet d'horribles dévastations sur son passage. Les Barcelonnais, un moment effrayés, font entendre des paroles de paix, mais elles sont repoussées avec hauteur et de la manière la plus insultante. Alors les mécontens trouvent de nouvelles forces dans leur désespoir; l'armée royale est battue dans trois attaques consécutives, et forcée à la retraite. Toute la province embrasse de nouveau le parti des Barcelonnais. Philippe, jusque-là fort indifférent sur tout ce qui se passait, sort un moment de son apathie habituelle, mais ce n'est pas pour examiner les griefs des Catalans, y faire droit s'ils sont fondés, et ramener les esprits par un heureux mélange de fermeté

et d'indulgence; il parle de marcher à la
tête des troupes pour soumettre les rebelles. Olivarès, qui craignait qu'au milieu
du tumulte des camps, la vérité ne se fît
jour jusqu'à l'oreille du prince, lui repré-
senta qu'il ne devait point exposer sa personne sacrée aux hasards des combats; et
le monarque, trop facile à persuader, re-
tomba dans son indolence ordinaire.

### Révolte en Portugal.

La révolte des Catalans, que l'on n'avait
pu réprimer, mettait dans tout son jour la
faiblesse de la monarchie espagnole; les
Portugais se voyaient avec chagrin soumis
à une domination étrangère. Ils l'auraient
supportée cependant si elle avait été douce
et équitable; mais la duchesse de Mantoue,
vice-reine, laissait toute l'autorité entre
les mains d'un ministre orgueilleux, qui
accablait la nation d'impôts, et dont les
hauteurs causaient un mécontentement général.

Juan, duc de Bragance, descendait par
les femmes de l'ancienne famille royale. Ce
prince inspirait l'estime, par les qualités

du cœur et de l'esprit. Ce fut sur lui que les Portugais jetèrent les yeux. Pinto Ribeira, contrôleur de sa maison, eut une très-grande part à cet événement mémorable. Il en prépara le succès avec autant d'adresse que d'activité. Après avoir sondé les dispositions des principaux personnages qui pouvaient contribuer à l'exécution de son projet, il en donna connaissance à l'archevêque de Lisbonne, et la conjuration se forma.

Au lever du soleil, les conspirateurs se réunissent, et donnent à huit heures le signal de l'insurrection. On attaque les gardes allemandes qui veillaient autour du palais de la vice-reine ; le premier ministre est tué et jeté par les fenêtres ; la vice-reine, effrayée, signe l'ordre aux troupes d'évacuer la citadelle ; le duc de Bragance est proclamé roi à Lisbonne, et bientôt reconnu dans tout le Portugal.

### *Disgrâce du comte d'Olivarès*

A la nouvelle de cette révolution, le comte d'Olivarès s'efforça de persuader au roi que cet événement était plutôt heureux

que funeste, parce qu'il donnerait un prétexte de confisquer les immenses domaines
du duc de Bragance; mais il aurait fallu
pour cela soumettre de nouveau le Portugal, et l'on ne put y parvenir. Olivarès
voulut ourdir une conspiration pour renverser le nouveau roi. L'archevêque de
Braga et le marquis de Villa-Réal en
étaient les chefs; ils s'associèrent une
foule de gens sans aveu, qui n'étaient propres qu'à piller et massacrer, et ne pouvaient représenter le vœu national. La trame fut découverte; le marquis de Villa-
Réal porta sa tête sur un échafaud, et l'indigne prélat, qui avait voulu détruire une
seconde fois l'indépendance de son pays,
fut enfermé pour le reste de ses jours.

Les revers se succédaient partout. Philippe se mit à la tête des troupes qui devaient combattre les Catalans; mais il s'arrêta prudemment à Sarragosse, et envoya
ses généraux lui cueillir des lauriers. Ils
n'en moissonnèrent pas. Les Catalans, qui
avaient reçu des secours du roi de France,
battirent l'armée royale. Dans le même
temps, les troupes françaises, conduites
par le cardinal de Richelieu, entraient dans

Perpignan. Cet habile ministre, qui a terni sa gloire par le despotisme et la cruauté, mourut peu de temps après, et Louis XIII ne tarda pas à le suivre.

La prise de Perpignan mit le comble au mécontentement dont le comte d'Olivarès était l'objet. Il reçut l'ordre de quitter la cour, et, trois ans après, le chagrin de sa disgrâce le conduisit au tombeau.

Louis de Haro - Gusman succéda au comte d'Olivarès son oncle. Ce ministre était adroit et prudent; néanmoins les commencemens de son administration ne furent pas heureux. L'infanterie espagnole fut écrasée à Rocroi; une autre armée fut battue sur les frontières de Portugal; les Français défirent la flotte de Philippe; les Catalans se défendaient, soutenus par la France.

*Révolution de Naples. — Mazaniello.*

Le royaume de Naples était soumis à l'Espagne depuis le règne de Ferdinand-le-Catholique. Sa capitale renferme une population nombreuse, qui vit dans l'indolence sur une terre féconde, où le moindre travail suffit pour procurer les premiers besoins de la vie. Un gouvernement avide multipliait les impôts. Les Napolitains font entendre des plaintes qui, selon l'usage, sont méprisées. Thomas *Oniello*, marchand de poisson, connu sous le nom de *Mazaniello*, s'érige en orateur populaire. Son éloquence était rude et inculte, mais vive, forte et entraînante. La nature l'avait doué d'un courage intrépide. Le vice-roi méprisait ses harangues, mais le peuple y donnait une grande attention. Un collecteur emploie des moyens violens pour lever une taxe nouvelle. La multitude se soulève, et l'insurrection fait de tels progrès, que le vice-roi n'a que le temps de s'enfermer dans la citadelle. Dix-huit mille Napolitains armés, ayant Mazaniello à leur tête, demandent le rétablissement de leurs anciens priviléges. Le vice-roi, effrayé, signe un traité qui rétablit momentanément le calme. On offre à Mazaneillo une pension de deux cents couronnes par mois; il la rejette avec indignation. Mazaniello voulait arrêter les excès qui marchent toujours à la suite des révolutions. Les nobles intriguent, et le peignent aux yeux du peuple comme un homme qui prétend s'arroger sur lui une autorité arbitraire. Ses partisans l'abandonnent, le laissent massacrer et le regrettent ensuite.

Le vice-roi viole le traité ; la guerre civile s'allume de nouveau. Les Napolitains offrent la couronne au duc de Guise, qui devait venir à la tête d'une armée, et qui vient seul pour se laisser prendre par les Espagnols. Don Juan d'Autriche, fils naturel de Philippe, se présente devant Naples avec une flotte chargée de troupes, et tout rentre bientôt dans l'ordre.

### Suite des revers de l'Espagne.

Fatigué d'une lutte qui avait duré quatre-vingts ans, Philippe reconnaît enfin l'indépendance des Provinces-Unies : le grand Condé gagne la bataille de Lens. Ce prince, que ses talens militaires et sa brillante valeur ont rendu justement célèbre, a terni sa gloire par de honteuses défections. On le voit, au moindre mécontentement, passer dans les rangs de l'ennemi. Il semble que la patrie ne soit rien aux yeux de ce guerrier, comme de beaucoup

d'autres. Il ne rougit pas, pour satisfaire
sa vengeance ou son ambition, de venir
ravager le pays où il a pris naissance, et de
répandre le sang de ses compatriotes.

Les Catalans étaient fatigués de la légèreté hautaine des Français, leurs auxiliaires. Ils prêtent l'oreille à des propositions
de paix, et recouvrent leurs anciens priviléges. Barcelonne fait une capitulation honorable, et ouvre ses portes après quinze
mois de siége.

Charles Ier venait de périr sur l'échafaud:
Cromwel, protecteur de la république anglaise, avait fait alliance avec Louis XIV,
et lui avait envoyé six mille hommes aguer-
ris au milieu des discordes civiles. L'armée
française, commandée par Turenne, as-
siégeait Dunkerque. Philippe ordonne à
don Juan d'Autriche et au prince de Condé
d'attaquer les Français. Condé, témoin
des mauvaises dispositions que faisaient les
généraux espagnols, dit à l'un d'eux: « Si
vous n'avez pas encore vu comment on
perd une bataille, vous allez le voir bientôt. » La bataille fut perdue en effet, et Fur-
nes, Dixmude, Oudenarde, Menin, Gravelines et Ypres furent le prix de la victoire.

Dans le même temps, les Anglais s'emparaient de la Jamaïque, et des galions qui rapportaient en Espagne les richesses du Nouveau-Monde. Le Milanais était menacé, et les Portugais faisaient le siége de Badajoz.

Le roi Juan IV meurt, et la cour de Madrid, qui regarde cette circonstance comme favorable pour reprendre le Portugal, fait entrer dans ce royaume vingt mille hommes qui s'avancent jusque sur les bords de la Guadiana. Mais les Portugais, à la vue du danger qui menace leur indépendance, font de nouveaux efforts, et repoussent les Espagnols hors de leurs frontières. Cet échec humilie Louis de Haro, qui avoue au roi que l'état de ses finances ne lui permet plus de faire la guerre. Philippe ne se doutait pas que les affaires de la monarchie fussent dans un aussi mauvais état. Qu'avait-il besoin en effet de chercher à connaître lui-même la vérité? Ses ministres lui disaient que le peuple était heureux; cela lui suffisait comme à tant d'autres rois, qui se contentent d'en porter le nom.

On fait à la France des propositions de paix, qui sont favorablement accueillies;

don Louis de Haro et Mazarin signent, dans l'île des Faisans, un traité qui laisse à la France l'Alsace et le Roussillon. Louis XIV épouse l'infante d'Espagne, et pardonne au prince de Condé, qui rentre en possession de ses domaines. Le monarque peut pardonner, mais il n'est pas en son pouvoir d'effacer la tache imprimée sur le front de celui qui s'est réuni à l'ennemi étranger pour combattre ses concitoyens : elle est indélébile.

*Fin du règne de Philippe IV.*

L'Espagne s'obstinait à vouloir soumettre le Portugal, qui recevait des secours de Charles II, remonté depuis peu sur le trône d'Angleterre, et même de Louis XIV, gendre de Philippe. Il est difficile de comprendre quelque chose à la conduite du roi de France, qui venait de signer le traité des Pyrénées, et qui permet au comte de Schomberg, général habile, de passer en Portugal, à la tête de six cents volontaires français.

Don Juan d'Autriche avait obtenu des succès, et l'approche de l'ennemi effrayait

déjà Lisbonne. Schomberg surprend les
Espagnols dans un défilé, et les taille en
pièces. Une seconde armée, commandée
par le marquis de Caracena, éprouve le
même sort, quoique ce général présomptueux se fût vanté de prendre Lisbonne
dès la première campagne! Ce dernier événement produisit une impression très-forte
sur l'esprit du roi. La lettre qui l'annonçait
lui échappa des mains, et il perdit connaissance en s'écriant : « C'est la volonté
de Dieu.» On reconnaît alors la nécessité de
traiter avec le Portugal, mais Philippe
meurt avant que les négociations soient
entamées.

*Intrigues de cour. — Le jésuite Nitard.*

Anne-Marie, veuve du roi, nommée régente pendant la minorité de Charles II,
âgé de quatre ans, était faible, hautaine et
capricieuse. Elle se laissait gouverner par
son confesseur, le jésuite Nitard, Allemand
d'origine, qu'elle fait nommer grand-in-
quisiteur, et entrer au conseil. Le confesseur, d'abord modeste, devient bientôt un
ministre insolent. Il ose dire au duc de

Lerme, organe du mécontentement de la noblesse ; « C'est à moi que vous devez du respect, moi, qui chaque jour ai votre Dieu en mes mains , et votre reine à mes pieds. »

Louis XIV , au mépris du traité des Py-rénées, demande à être mis en possession des provinces qu'il prétend appartenir à sa femme, Marie-Thérèse, comme héritière du prince Balthasar son frère. La cour de Madrid se hâte de reconnaître l'indé-pendance du Portugal , et de réunir une petite armée pour s'opposer au monarque français. Le commandement en est offert à don Juan d'Autriche, qui le refuse, parce que la disproportion est trop grande avec les forces de l'ennemi. Louis XIV s'était déjà emparé de la Flandre ; il conquiert en-suite la Franche-Comté en trois semaines. _1667_

Le voisinage des Français épouvante les Hollandais, qui se liguent avec l'Angle-terre et la Suède, pour arrêter les progrès de Louis XIV. On négocie. Le traité d'Aix-la-Chapelle laisse à la France les conquêtes faites en Flandre. L'Espagne recouvre la Franche-Comté.

Don Juan , qui avait désapprouvé le traité d'Aix-la-Chapelle , est exilé. Il soulève les nobles, et marche sur Madrid pour forcer la reine à renvoyer son confesseur. Les factions du prince et du moine divisent la capitale. La régente remarque avec effroi que les troupes semblent peu disposées à servir sa cause. Nitard, convaincu alors qu'il est plus aisé de gouverner une femme dévote que de conduire une noblesse altière et factieuse, offre de lui-même sa démission. Cet homme, dont l'ambition et l'incapacité avaient troublé l'état, se montre digne d'estime au moment de sa disgrâce. Il refuse noblement des sommes considérables que l'on veut lui donner. « Je n'étais, dit-il, qu'un pauvre ecclésiastique quand je suis entré dans ce royaume; je veux en sortir dans le même état de fortune. » Ce désintéressement était fort honorable, et nous le remarquons avec plaisir. Les membres de la compagnie de Jésus ne l'ont pas toujours imité.

Don Juan n'avait plus de motif pour rester en armes. Il reçoit l'ordre de se retirer à trente milles de la capitale, et il obéit. La régente, jalouse d'établir son autorité sur des bases solides, tente alors une innovation hardie. Jusque là, les rois d'Espagne, pleins de confiance dans la loyauté nationale, n'avaient point eu de gardes. Les portes de leurs palais étaient ouvertes; et ils paraissaient sans crainte au milieu des citoyens. Sous prétexte de veiller à la sûreté du roi son fils, la régente lève un régiment de *garde royale*. Irrités de cette atteinte portée à la confiance dont ils se sentent dignes, les Espagnols murmurent hautement. Don Juan saisit cette occasion pour se rendre de nouveau redoutable. Des négociations sont entamées. Le prince obtient le gouvernement de l'Aragon, de la Catalogne et de la Sardaigne; des places éminentes sont données à ses principaux partisans, et les intérêts populaires sont complétement négligés. C'est ainsi que la noblesse, qui emploie souvent le peuple comme instrument, le rejette ensuite avec dédain quand il lui devient inutile.

### *Ferdinand de Valenzuela.*

La reine-mère avait besoin d'être gouvernée. Le départ de son confesseur laissait un vide qu'il fallait remplir.

Le grand inquisiteur, ayant remarqué dans Ferdinand de Valenzuela un talent pour l'intrigue, dont il voulait tirer avantage, lui fit épouser une allemande nommée Eugénie, qui était en grande faveur auprès de la régente. Après la retraite du jésuite, Marie-Anne ordonne à Eugénie de lui amener son mari. Cet homme avait de l'esprit, des formes agréables, et beaucoup d'ambition. Il plaît, et bientôt il est comblé d'honneurs et de richesses. Sa naissance était obscure, et il n'avait pas les talens d'un homme d'état. Son élévation subite excite beaucoup de jalousie et de mécontentement.

L'Espagne était en proie à tous les maux qu'entraîne à sa suite une administration inhabile et corrompue. Elle avait perdu toute considération en Europe. Des Flibustiers prenaient ses vaisseaux en Amérique, pillaient ses comptoirs, brûlaient les villes et les villages. Dans la Péninsule, les campagnes étaient incultes, les villes dépeuplées, les finances livrées au plus déplorable désordre. Telle était alors l'état de cette puissance, qui, sous Charles-Quint, et jusqu'à la fin du règne de Philippe II, son fils, présentait un aspect si formidable. Louis XIV profita de son abaissement pour

s'emparer une seconde fois de la Franche-
Comté qui, depuis cette époque, est de-
meurée réunie à la France.

Charles II, déclaré majeur à quinze ans,     1676
paraît obéir aux inspirations de Juan d'Autriche, son frère naturel ; il ordonne à la
régente de quitter la cour. Mais ce fut une
journée de dupes. La reine se réconcilie
avec son fils, et don Juan reçoit l'ordre de se
retirer à Saragosse. Valenzuela continue de
gouverner au nom de Charles II.

Le favori mit alors ses soins à se rendre
agréable au peuple de la capitale. Il s'ef-
forçait d'y entretenir l'abondance, et de
détourner l'attention publique par des fêtes et des combats de taureaux. Tous ces
sacrifices étaient faits aux dépens du trésor.
La haine des nobles en devient plus active. Il est vrai que de nouveaux désastres
vinrent encore la justifier. Les Français
prirent aux Espagnols douze vaisseaux,
auprès de Palerme, et cinq mille hommes
périrent dans les flots.

Enfin, Charles II résolut de secouer le
joug de la servitude dans laquelle le rete-
naient sa mère et le favori. Valenzuela fut
disgrâcié, jeté dans une prison, et exilé

ensuite aux îles Philippines. La reine se retira dans un couvent, et Juan d'Autriche prit
la place du premier ministre. Ce prince ne
répondit pas aux espérances que l'on en
avait conçues. Il s'occupa beaucoup du
soin de se faire des créatures pour affermir
son autorité, et fort peu des intérêts généraux. C'est ainsi que presque tous les hommes revêtus de fonctions éminentes, sacrifient le bien-être public à leur ambition
personnelle.

Hors d'état de continuer la guerre, l'Espagne fit un traité avec la France. Elle lui
céda la Franche-Comté, et plusieurs places importantes dans le nord. Louis XIV
ne se fit aucun scrupule de dépouiller son
beau-frère.

*Premier temps du règne de Charles II.*

Ce jeune prince avait donné, de son esprit et de son caractère, une idée avanta-
geuse qui s'évanouit bientôt. Ce faible re-
jeton du tronc vigoureux qui avait produit
Charles-Quint, ne sut point arrêter la dé-
cadence de la monarchie espagnole. Pourquoi les rois sont-ils quelquefois moins

heureusement constitués au physique et au
moral que le plus mince de leurs sujets,
s'il est vrai que Dieu les ait destinés de
toute éternité à gouverner les peuples, ce
dont on nous permettra de douter on peu.

Don Juan d'Autriche, qui exerçait l'autorité royale, fit épouser au roi d'Espagne,
Louise d'Orléans, nièce de Louis XIV. Il
voulait, à la faveur de ce mariage, obtenir de la France quelques concessions. Mais
Charles II, amoureux de sa jeune épouse,
ne seconda point les intentions de son ministre. Il attachait aussi peu de prix au
bonheur du peuple qu'*à la dignité de sa couronne* ; expression dont on abuse souvent,
mais qui quelquefois aussi a un sens raisonnable. Don Juan sentit que son crédit dé-
clinait, mais il mourut avant que sa disgrâce fût complète. Son administration
n'avait pas été heureuse. Peut-être lui
avait-il été difficile de mieux faire dans les
circonstances critiques où il s'était trouvé ;
du moins on rendit justice à son intégrité :
il n'avait point augmenté son patrimoine
aux dépens de l'état.

La reine-mère revint à la cour intriguer
et se venger de ses ennemis. Les calamités

s'accumulaient sur l'Espagne. La peste et la famine désolaient les provinces ; un tremblement de terre avait renversé Malaga , et ébranlé d'autres villes. La marine était anéantie , et les soldats désertaient faute de paye.

Le duc de Médina-Celi , nommé à la place de don Juan , signala son entrée au ministère par une mesure bonne en soi , mais intempestive. Il réduisit à son véritable taux la monnaie de cuivre , dont la valeur nominale avait été sextuplée. Une foule de particuliers et de marchands furent ruinés. Beaucoup de Juifs , effrayés de ces changemens continuels , quittèrent le pays en emportant leurs richesses, ce qui accrut la misère générale.

Louis XIV , abusant de sa supériorité, exigea que le pavillon espagnol fût baissé devant le pavillon français. Il prétendit ensuite que ses ministres avaient oublié de comprendre le pays d'Alost au nombre des cessions qui lui étaient faites par le dernier traité , et il mit le siège devant Luxembourg. Alors la cour de Madrid perdit patience , et lui déclara la guerre : mais elle ne reçut de secours d'aucun de ses alliés. Gênes seule osa tenir les engagemens qu'elle avait pris, et en fut punie par un bombardement. Une armée française ravageait la Catalogne. Charles II est forcé de signer une trève de vingt ans. Louis conserve Luxembourg, se fait donner une somme considérable, et vante sa modération.

Le duc de Médina-Celi, chargé de la haine du peuple, qui lui attribuait le dernier traité, et de celle des courtisans, dont il avait retranché les pensions, se retira des affaires. Il fut remplacé par le comte d'Oropeza, plus ambitieux, mais aussi inhabile.

*Nouvelle révolution en Angleterre. — Troubles en Espagne. — Puissance de l'Inquisition.*

Les succès de Louis XIV causaient alors de vives alarmes. Informé que la cour de Madrid cherchait à former une ligue contre lui, ce prince fait partir en pleine paix une flotte qui se présente devant Cadix, et en exige cinq cents mille couronnes d'or. C'était agir moins en roi qu'en flibustier.

Les cours de Madrid, de Vienne, de Turin et la Hollande se réunissent contre la France, qui avait alors l'Angleterre pour alliée; mais un événement imprévu changea la face de ce dernier pays, et accrut le nombre des ennemis du monarque français.

Comment se fait-il que les leçons du passé soient toujours perdues pour les princes, et qu'on les voie tomber dans les mêmes fautes qui ont déjà produit de sanglantes catastrophes?

Jacques II, roi d'Angleterre, avait sous les yeux le funeste sort de Charles I$^{er}$ son père; l'exemple était récent et terrible, il fut complètement infructueux. Constamment occupé du soin d'agrandir son autorité, et d'établir la domination de la religion catholique qu'il professait, il portait de continuelles atteintes aux libertés publiques, et ses rigueurs excessives aliénaient les esprits. Le mécontentement fut enfin porté à un tel point, que Guillaume III, son gendre, n'eut qu'à paraître à la tête de quelques troupes pour l'obliger à descendre du trône et à se réfugier en France. Louis XIV, au lieu d'avoir l'Angleterre pour alliée, la compta dès ce moment au nombre de ses ennemis. C'est alors que l'on mit la dernière main à cette fameuse *ligue d'Augsbourg*, qui réunit contre la France presque toutes les puissances européennes. La reine d'Espagne, qui était Française et fort aimée de son mari, nourrissait l'espoir de l'arracher à cette coalition formée contre sa patrie ; mais elle mourut, et Charles II ayant épousé peu de temps après la fille de l'Électeur palatin, se lia plus fortement que jamais avec les ennemis de la France. On voit à quoi tiennent les destinées des peuples, quand ils sont placés dans la dépendance absolue de leurs monarques. Une mort, un mariage, et quelquefois des motifs plus futiles encore, peuvent faire couler des fleuves de sang. Et l'on prétendrait nous persuader que Dieu a voulu soumettre expressément l'espèce humaine à un sort aussi triste ! Il le permet tout au plus, et c'est déjà bien assez.

Louis **XIV** entreprend de rétablir Jacques II sur le trône ; il lui fournit une flotte, des troupes et de l'argent. Jacques débarque en Irlande, se fait battre par l'armée de Guillaume, abandonne à la colère

du vainqueur les malheureux Irlandais,
qui se sont soulevés pour lui, et revient en
France cacher sa honte. Les Français sont
vaincus à Walcourt, mais ils gagnent bientôt après une grande bataille dans les champs
de Fleurus, illustrés cent ans plus tard par
une autre victoire plus mémorable encore.

La Catalogne, opprimée par le marquis
de Leganez, fait éclater son mécontentement. On rappelle le gouverneur, et la
tranquillité se rétablit. Mais une flotte française bombarde Barcelonne, les Catalans
se soulèvent et choisissent un chef. Tout
Madrid avait connaissance de la rébellion ;
le roi seul l'ignorait encore. Le duc d'Ossuna donna, dans cette circonstance, un
conseil noble et hardi : « Que votre majesté,
dit-il au monarque, se mette à la tête des
troupes ; il n'y aura pas un Espagnol qui ne
veuille partager les périls que brave son
roi. » Mais les courtisans se récrièrent, et
prétendirent qu'il vaudrait mieux perdre la
Catalogne et même la moitié de la monarchie, que d'exposer la personne sacrée du
prince. Charles aurait dû repousser avec
indignation ces honteuses flatteries ; il leur
prêta au contraire une oreille complaisante.

Pendant que le conseil de Madrid délibérait, le nouveau gouverneur de la Catalogne surprit les insurgés et les tailla en pièces.

Louis XIV était victorieux à Staffarde; il prenait Huy, Namur et Charleroi; mais il perdait vingt vaisseaux au combat de la Hogue, pour avoir voulu rendre sa couronne à un roi qui n'avait su ni la conserver ni la reconquérir.

Les Français pénètrent dans la Catalogne, prennent Girone et dévastent le pays. Les Catalans s'arment pour repousser l'étranger, et de simples paysans tiennent tête à une armée disciplinée et aguerrie.  1694

En Flandre, le roi Guillaume reprend Namur, que le maréchal de Villeroi ne peut secourir. Pour s'en venger, il court bombarder Bruxelles. La guerre est en elle-même un fléau terrible, comment peut-on l'agraver encore, en faisant le mal pour le mal, et sans en tirer aucun profit? Déjà avait eu lieu l'incendie du palatinat, expédition honteuse et cruelle, ordonnée par Louis XIV ou par le ministre Louvois, plus digne d'un peuple barbare que d'une nation civilisée.  1695

Dans l'intérieur de la monarchie espagnole, l'inquisition était devenue si formidable, qu'elle faisait trembler le roi lui-même sur son trône. Le monarque, voulant mettre des bornes à son pouvoir, nomma une commission composée de personnages éminens par leur naissance et leurs fonctions, mais qui n'osèrent proposer aucune mesure répressive, et cette institution sanguinaire continua d'épouvanter toutes les classes de citoyens.

*Testament de Charles II.*

1698    Le roi d'Espagne n'avait pas d'enfans. Faible de corps et d'esprit, superstitieux et se faisant exorciser par un moine lorsqu'il était malade, ce prince, qui n'avait encore que trente-six ans, marchait rapidement vers la tombe.

L'extinction de la famille régnante rendait naturellement aux Espagnols le droit de se choisir un roi. Mais ce n'est pas ainsi que les choses les plus simples sont entendues. D'après ce principe si humain et si sage, que le sol et les habitans qui le couvrent appartiennent au monarque, comme

une métairie et le bétail qu'elle renferme
appartiennent au propriétaire, Charles II,
pouvait disposer, par testament, du trône
que sa mort prochaine allait rendre vacant.
Cette ridicule et absurde prétention ne fut
alors combattue par personne; on ne songea
qu'à exercer de l'influence sur la détermination du prince valétudinaire. Alors les
intrigues commencèrent, et se croisèrent
dans tous les sens. Deux compétiteurs redoutables, Louis XIV et l'empereur d'Allemagne, se présentaient en première ligne. Mais si l'un ou l'autre recueillait en
entier cette riche succession, l'équilibre
européen était rompu. On imagina, pour
le conserver, un singulier expédient. Un
traité secret fut conclu au moyen duquel
la monarchie espagnole devait être divisée
entre le roi de France, l'empereur d'Allemagne et le prince électoral de Bavière,
qui n'avait encore que huit ans. L'Angleterre et la Hollande étaient intervenues
dans cette convention, pour la garantir,
quoiqu'elles n'y eussent aucun intérêt direct. Mais le secret du traité transpira, et
les Espagnols en furent indignés; Charles
lui-même, sortant de son apathie habi-

tuelle, fit aussitôt son testament en faveur du prince de Bavière ; tout paraissait réglé lorsque cet enfant mourut. Les intrigues recommencèrent avec plus de vivacité. La lutte était établie entre l'Allemagne et la France. La reine soutenait ouvertement le premier parti ; une plaisanterie contribua à lui donner du désavantage. Les Allemands qui étaient à la cour se moquaient de la gravité espagnole, et de la sévérité avec laquelle on observait l'étiquette. Les enfans de la Germanie ne sont pas cependant renommés eux-mêmes pour la grâce et la légèreté. L'évêque de Lérida, mécontent de ces sarcasmes, dit : *L'esprit des ministres de Léopold est comme les cornes des chèvres de mon pays ; il est petit, dur et de travers.* Le mot fit fortune, et la cause de la France prit faveur.

Le cardinal de Porto-Carrero, homme hardi, intrigant et sans principes, était vendu à la cour de France ; il détermine le monarque à consulter le souverain pontife. Cette grande affaire est traitée comme un cas de conscience. Le pape, gagné par Louis XIV, répond que l'intérêt de la chrétienté exige que le roi donne la préférence à la maison de Bourbon. Charles lègue sa couronne au duc d'Anjou, petit-fils de Louis XIV. « Grand Dieu ! s'écria-t-il en signant, c'est vous qui donnez et reprenez les empires ! » C'est ainsi que l'ignorance et la superstition attribuent à la divinité des actes qui appartiennent à l'homme seul, et qui souvent sont empreints de toute sa faiblesse.

L'irrésolution et l'indolence du monarque avaient mécontenté le peuple. Les impôts étaient accablans ; une taxe nouvelle soulève la multitude, elle se porte en tumulte au palais du roi. Un courtisan eut la maladresse de dire que le prince dormait. Il en reçut cette réponse sévère : *Il y a long-temps qu'il dort ; il est temps qu'il se réveille pour remédier aux maux du peuple.* Pâle et tremblant, Charles se présente à une fenêtre, déclare qu'il n'a point connaissance des griefs dont on se plaint, blâme ses ministres, les abandonne à la discrétion de la foule, qui pille leurs palais. Il meurt quelque temps après.

# TROISIÈME PARTIE.

*Dynastie des Bourbons sur le trône d'Espagne.*

1700     LA branche autrichienne avait régné pendant deux siècles, et s'éteignait à Charles II. Elle n'avait produit que deux rois capables de gouverner par eux-mêmes, Charles-Quint, dont les grandes qualités étaient gâtées par son excessive ambition, et Philippe II, son fils, dont la mémoire est justement odieuse, mais qui tint d'une main vigoureuse les rênes de l'état. La nouvelle race n'a pas encore montré un prince vraiment digne d'être remarqué par des talens d'un ordre supérieur.

Le duc d'Anjou, proclamé roi d'Espagne sous le nom de Philippe V, fut d'abord reconnu par toutes les puissances européennes. L'empereur Léopold seul était encore indécis, et probablement il aurait suivi l'exemple général, si Louis XIV, dévoré par une soif immodérée de domination, qui recherchait toutes les occasions de se satisfaire, n'avait pas forcé le duc de Mantoue à recevoir garnison française. Alors l'empereur se déclara contre le testament de Charles II, et ce fut le signal d'une nouvelle guerre qui ne tarda pas à embraser l'Europe.

Philippe V n'avait encore que dix-sept ans. Dans une aussi grande jeunesse, un prince est peu capable encore de gouverner par lui-même, à moins qu'il n'ait reçu de la nature ces talens extraordinaires, toujours très-rares dans toutes les conditions et à toutes les époques : cependant le début de Philippe fit naître des espérances. D'utiles réformes furent faites dans les différentes branches de l'administration, mais, pour les continuer avec succès, le maintien de la paix était nécessaire, et on ne la conserva pas long-temps.

Philippe voulant récompenser les seigneurs français qui s'étaient attachés à sa fortune, leur conféra les droits et prérogatives dout jouissaient les grands d'Espagne. Cette mesure était impolitique et déplût beaucoup. Une autre mesure plus impolitique encore, fut la résolution que prit Louis XIV, de reconnaître Jacques II, comme roi d'Angleterre. Guillaume III, qui occupait réellement le trône de la Grande-Bretagne en fut vivement irrité. Une ligue se forme entre l'Angleterre la Hollande et l'empire d'Allemagne. Le prince Eugène entra en Italie et battit les Français. Le parti autrichien se ranima en Espagne Tels furent les prémices d'une guerre sanglante où les peuples, longtemps sacrifiés à des intérêts de famille, payèrent, comme cela arrive toujours, de leurs fortunes et de leur sang, les fautes de leurs chefs.

Une insurrection, excitée par l'Autriche, éclate à Naples; elle est promptement réprimée, mais Philippe en prend occasion de visiter ses états d'Italie. Il débarque à Gênes, où il a une entrevue avec le duc de Savoie, son beau-père. Ce prince ambitieux et peu loyal, traitait alors secrètement avec la France; il prétend que son gendre ne lui a pas témoigné assez d'égards, et se retire à Turin.

La flotte des alliés se présente devant Cadix qu'elle somme inutilement d'ouvrir ses portes; delà elle se rend à Vigo où se trouvaient vingt-trois vaisseaux de guerre et les galions d'Amérique; tout est pris ou

brûlé. L'Espagne perd la plus grande partie
de ses forces maritimes. Les troupes que
portait la flotte alliée, débarquent et rava-
gent l'Andalousie. En apprenant ces tristes
nouvelles, Philippe revient en Espagne.
On fait de grands efforts, et l'ennemi est
contraint de se rembarquer. Les finances
de l'état étaient dans un affreux désordre ;
le roi charge du soin de les rétablir un français nommé Orri, homme très-habile ; mais
qui ne pouvait préparer que pour l'avenir
des ressources dont on avait besoin sur-le-
champ.

Pour faire face aux dépenses les plus ur-
gentes, le gouvernement s'empare du trésor de la compagnie des Indes. Le cardinal
d'Estrées, Français, avait conseillé cette
violation de la foi publique à laquelle le cardinal Porto-Carrero s'était inutilement opposé. Le mécontentement qu'elle causa
s'accrut encore lorsqu'on sut que la plus
grande partie des fonds allait être expé-
diée en France.

Aidé du maréchal de Berwick, fils naturel du roi d'Angleterre détrôné, Philippe
entre dans le Portugal qui s'était déclaré
contre lui, et en ramène cinq mille prison-

niers. En Allemagne, le maréchal de Villars
battait les impériaux à Hochstet; mais l'année suivante, l'armée française, commandée par les maréchaux de Marsin et de
Tallard, essuya une grande défaite sur le
même champ de bataille, et les troupes im-
périales pénétrèrent en France par l'Alsace.
L'archiduc Charles, reconnu roi d'Espagne
par les alliés, était monté sur leur flotte, qui
se présenta devant Gibraltar, et s'en empara. Cette place importante avait été lais-
sée dans un mauvais état de défense. Elle
fut remise aux Anglais qui la gardèrent, et
la possèdent encore. L'archiduc alla ensuite
débarquer dans la Catalogne, qui se sou-
leva en sa faveur. L'Espagne se trouva
bientôt ravagée par les armées de deux rois
étrangers qui se disputaient sa possession.

La cour de Philippe était livrée à de déplorables intrigues. La princesse des Ursins,
que Louis XIV avait fait exiler à Rome,
avait été rappelée. Le roi, devenu soup-
çonneux, s'entourait d'étrangers, poursuivait des conspirations imaginaires, et
perdait chaque jour de sa popularité. Il alla
faire en personne le siége de Barcelonne,
fut obligé de le lever, et n'osant pas tra-

verser l'Aragon, dont les dispositions ne lui étaient pas favorables, il prit sa route par la France, et rentra par la Navarre, dans sa capitale qu'il trouva remplie de troubles.

### Prise de Madrid.

L'esprit de révolte gagnait successivement une grande partie de l'Espagne. La défaite de Barcelonne permit aux Portugais de franchir les frontières et de s'avancer jusqu'à Madrid, dont on ne put leur disputer l'entrée. Ils y proclamèrent l'archiduc roi d'Espagne ; mais la population demeura silencieuse. La vue des bannières étrangères blessait sa fierté. Philippe, retiré à Burgos, pendant que son rival achevait de soumettre l'Aragon et le royaume de Valence, semblait avoir perdu tout espoir. On agita au conseil, à Versailles, la question de savoir si ce prince ne ferait pas bien de s'embarquer pour l'Amérique, afin d'aller régner sur ces contrées lointaines. L'exécution de ce projet aurait hâté d'un siècle l'émancipation des colonies espagnoles. Le commerce maritime de la

France y aurait trouvé de grands avantages.

La fortune ne tarda pas à changer en Espagne. Le duc de Berwick, avec sa petite armée, harcelait l'ennemi, dont l'indiscipline et la débauche diminuaient les forces, et qui fut obligée d'évacuer Madrid. Philippe y rentre en triomphe. La reine accoucha d'un fils, et cet événement répandit la joie au milieu des partisans du monarque ; et il en aurait beaucoup augmenté le nombre, si, profitant de cette circonstance heureuse, il avait publié une amnistie générale ; mais il fit impitoyablement condamner à mort les grands qui avaient embrassé la cause de l'archiduc, et confisqua les biens de ceux qu'on ne put saisir. Ces rigueurs aliénèrent les esprits qui tendaient à se rapprocher. Ainsi il est des hommes qui, dans les commotions intestines, ne veulent jamais recourir qu'à la terreur et aux supplices. Ils justifient d'avance les violences dont ils pourront eux-mêmes devenir l'objet si la chance vient à tourner.

Le duc d'Orléans, neveu de Louis XIV, fut envoyé en Espagne pour commander l'armée. Mais, avant son arrivée, le duc de

Berwick avait gagné la bataille d'Almanza, où la cavalerie espagnole se couvrit de gloire. Le roi d'Espagne était resté à Madrid, et l'archiduc à Barcelonne. A l'occasion de cette bataille d'Almanza, milord Peterboroug, qui servait dans le corps auxiliaire anglais, dit : *il est bien singulier que nous répandions notre sang pour des princes qui demeurent tranquilles dans leurs palais.* Cette observation épigrammatique a trouvé et trouvera de nombreuses applications. Le duc d'Orléans, brave, spirituel et aimable, qui succéda au maréchal de Berwick, prit plusieurs villes fortifiées, et soumit une grande partie du pays qui obéissait à l'archiduc. On croit qu'il eut un moment l'idée de supplanter son cousin et qu'il avait fait entrer dans ses vues, plusieurs grands d'Espagne, qui n'auraient pas été fâché d'avoir pour roi un prince qui se battait comme un grenadier. Quoiqu'il en soit, ce projet, s'il a réellement existé, n'eut aucune suite.

Pendant que la situation des affaires s'améliorait en Espagne, elle devenait au contraire très-mauvaise en Italie et dans les Pays-Bas. Deux grands capitaines, étrangers à cette basse rivalité trop commune chez les hommes qui courent la même carrière , Eugène et Malboroug obtenaient de grands succès sur les armées françaises. Séparés ils avaient vaincu, le premier en Italie, et le second dans les Pays-Bas. Réunis ils avaient gagné les trop célèbres batailles d'Hochstet et de Ramillies où là valeur française succomba par l'inhabileté des chefs , les maréchaux de Marsin, de Tallard et de Villeroi. Et cependant on avait encore un Villars, un Vendôme, que de misérables intrigues de cour empêchaient d'employer.

Les alliés assiégeaient Lille , place du premier ordre, qui fut forcée de se rendre , malgré l'admirable défense du maréchal de Boufflers. Une armée de cent mille hommes avait été réunie pour secourir cette ville. Elle s'approcha des lignes ennemies et n'osa pas les attaquer. Le duc de Bourgogne la commandait, ayant sous ses ordres le duc de Vendôme. Une cabale de dévots qui entourait le prince, contrariait tous les plans de l'illustre guerrier, qui aurait dû diriger les opérations. Voila ce que c'est que de ne pas aller à la messe , disait à

Vendôme un de ces hypocrites courtisans ; nous n'éprouvons que des revers. Croyez-vous, répondit Vendôme, que le luthérien Malboroug qui nous bat, y aille plus souvent que nous ?

Le duc d'Orléans avait quitté l'Espagne. Après son départ, l'archiduc battit les Espagnols à Almenara et à Sarragosse. Le chemin de Madrid lui était ouvert, et il entra dans cette capitale pour la seconde fois. Philippe, retiré à Valladolid, se laissait aller au découragement. La reine, son épouse, et la princesse des Ursins, ranimèrent ses espérances, et montrèrent une grande fermeté. Dans ce moment de crise, les grands d'Espagne qui avaient suivi la fortune de Philippe, firent taire la jalousie que les Français leur inspiraient. Ils prièrent eux-mêmes leur roi de demander à Louis XIV le duc de Vendôme. Son nom seul valait une armée. On accourut en foule sous ses drapeaux, et bientôt il se vit à la tête de trente mille hommes avec lesquels il ramena Philippe à Madrid, et battit l'archiduc, qui reprit le chemin de Barcelonne, laissant ses généraux se tirer comme ils le pourraient du mauvais pas où ils étaient engagés. Vendôme poursuivit les alliés ; acheva leur défaite, et affermit la couronne d'Espagne sur la tête du petit-fils de Louis XIV. Philippe lui avait fait présent de cinquante mille écus, comme premier témoignage de sa reconnaissance ; Vendôme en fit sur-le-champ la distribution aux soldats : ce sont ces braves gens, dit-il, qui ont fixé les destinées de l'Espagne ; ils ont des droits incontestables à la munificence royale. Avec un tel chef, d'ailleurs habile et valeureux, une armée doit être invincible. On doit donner aussi des éloges au désintéressement de ce général, qui s'occupait beaucoup du bien-être de ses soldats et très-peu de ses propres intérêts.

*Paix d'Utrecht. — La princesse des Ursins.*

Les alliés obtenaient chaque jour, en Flandre, de nouveaux succès. La France, épuisée d'hommes et d'argent, n'était plus en état de soutenir cette guerre désastreuse. Louis XIV désirait la paix, et la reine Anne n'en paraissait pas éloignée. Une circonstance particulière facilita l'œuvre de la pa-

cification. L'empereur Léopold mourut,
et eut l'archiduc Charles pour successeur.
Alors la politique changea. On sentit tout
le danger que ferait naître la réunion de la
couronne impériale et de celle d'Espagne
sur la tête du même prince. Par le traité
d'Utrecht, la Hollande et l'Angleterre re-
connurent Philippe V, qui renonça à tous
ses droits éventuels au trône de France. La
cause des Stuarts fut abandonnée, et Gibraltar cédé à l'Angleterre. Le duc de Savoie obtint la Sicile. Le nouvel Empereur
n'intervint pas directement dans ces différentes conventions; il se contenta de retirer ses troupes de la Catalogne.

Avant son départ, le général allemand
Stharemberg, engagea les Catalans à per-
sister dans leur rébellion en leur promet-
tant des secours prochains. Il leur fit entendre que c'était le moyen de recouvrer
leurs anciens priviléges. Les malheureux
habitans de la Catalogne écoutèrent ces per-
fides conseils, qui ne furent combattus
d'ailleurs par aucune proposition conci-
liante. Philippe ne fit pas la plus légère
tentative pour épargner le sang de ses sujets. Trois armées marchèrent contre les

insurgés qui se défendirent avec le courage
du désespoir. Les généraux espagnols firent
cette guerre avec une cruauté révoltante.
Le siége de Barcelonne fut entrepris, mais
Philippe ne put réduire la place avec ses
propres forces. Il implora le secours de la
France contre les peuples qu'il était appelé
à gouverner, et Barcelonne capitula. Les
Catalans perdirent toutes leurs libertés.

La reine mourut. Elle fut vivement re-
grettée des Espagnols et de son mari. Mais
la douleur du prince ne fut pas de longue
durée. La princesse des Ursins acquit
bientôt un grand empire sur son esprit.
Son pouvoir paraissait sans bornes ; il fut
détruit par le fils d'un paysan italien, en
qui elle avait une entière confiance.

Les parens d'Albéroni en avaient fait un
prêtre. Cet homme ambitieux et adroit
trouva le moyen de s'attacher au duc de
Vendôme et le suivit en Espagne. S'étant
insinué dans les bonnes grâces de la princesse des Ursins, il obtint d'être envoyé
comme chargé d'affaires à la cour du duc
de Parme.

De retour en Espagne, Albéroni pro-
posa à la princesse des Ursins de faire

épouser au roi l'infante de Parme qu'il lui
peignit comme une femme faible, igno-
rante et facile à gouverner. Ayant fait goûter son projet, il repartit pour aller négocier le mariage. La princesse des Ursins
apprit bientôt qu'Albéroni l'avait trompée,
et que l'infante, d'un caractère fier et prononcé, avait un esprit orné de connaissances étendues. Elle voulut rompre le mariage, mais il n'était plus temps ; la future
reine arriva, et obtint de son faible époux,
l'exil de la princesse des Ursins, qui fut
conduite ignominieusemens hors des frontières. Cette femme, par l'influence qu'elle
exerçait sur l'esprit de la reine défunte, et
ensuite, sur celui du roi, avait gouverné
l'Espagne pendant quatorze ans, avec une
autorité presqu'absolue.

### Ministère d'Albéroni.

Un ministre habile et homme de bien,
aurait travaillé à rendre l'Espagne florissante dans son intérieur, et il y serait aisément parvenu. Albéroni, au contraire,
voulut lui redonner, au dehors, son ancien
éclat, et il ne réussit qu'à augmenter ses

embarras et sa détresse. Cet homme qui avait des talens, en fit un pernicieux usage. Il agita l'Europe par ses intrigues, et ralluma les flambeaux de la guerre.

Le duc d'Orléans gouvernait la France, en qualité de régent, depuis la mort de Louis XIV. Albéroni crut que ce prince goûterait ses projets, qui tendaient à l'agrandissement de la maison de Bourbon, et il les lui communiqna. Mais le régent crut apercevoir que leur exécution serait un jour nuisible à sa patrie, et il refusa d'entrer dans les vues du ministre espagnol, qui, pour se venger, excita un soulèvement en Bretagne. Son projet était d'enlever au régent, la conduite des affaires. Cette tentative échoua ; et l'ambassadeur d'Espagne, prince de Cellamare, qui avait été arrêté, fut conduit hors de France.

1715  Albéroni trompa le pape, qui lui avait envoyé le chapeau de cardinal, et l'autorisation de prélever le dixième des revenus ecclésiastiques, pour subvenir aux frais de ses armemens. L'artificieux prélat disait au souverain pontife, que ces préparatifs immenses étaient destinés à combattre les infidèles. Lorsqu'ils furent terminés, la flotte espagnole mit à la voile avec des troupes de débarquement, qui s'emparèrent de la Sardaigne et de Messine. Mais ces premiers succès furent suivis de grands revers. La France, l'Angleterre, la Hollande et l'Empereur s'étaient ligués contre l'Espagne ; c'est ce que l'on a appellé la *quadruple alliance*. Cinquante mille impériaux entrèrent en Italie. La flotte espagnole, créée avec tant de dépenses, fut détruite par les Anglais. Les Français s'emparèrent de Saint-Sébastien et de Fontarabie ; Vigo fut pillé, et Messine reprise. Tant de désastres amenèrent la disgrâce d'Albéroni, qui reçut l'ordre de sortir d'Espagne, et s'enfuit en Italie, où il n'arriva pas sans avoir couru des dangers personnels. La chute de cet ex-moine, qui se vantait de *remuer l'Europe avec son cordon*, calma les tempêtes qu'il avait soulevées.


### *Abdication de Philippe.*


Le duc d'Orléans voulut resserrer les liens qui unissaient la France à l'Espagne ; il maria sa fille, mademoiselle de Mont-

pensier, au prince des Asturies, et l'infante
d'Espagne, fiancée à Louis XV, fut amenée
en France.

L'Espagne était en paix au dehors, mais
des abus sans nombre s'étaient glissés dans
son administration intérieure. Le marquis
de Grimaldi qui travaillait avec succès à rétablir l'ordre, y serait parvenu, si le roi
l'avait secondé. Mais ce prince faible, d'un
caractère triste et mélancolique, n'aimait
point à s'occuper des affaires. La royauté
était pour lui un pesant fardeau ; sa dévotion mal éclairée et superstitieuse le jetait
dans de tristes écarts. Il croyait plaire à
Dieu, et travailler à son salut éternel, en
permettant à l'inquisition de multiplier ses
cruels *auto-da-fé*. Enfin, Philippe abdiqua
la couronne, mais il n'imita point l'un de
ses plus illustres prédécesseurs, Charles-
Quint, qui, dans une circonstance semblables, ne s'était réservé qu'une pension de
cent mille écus. En renonçant aux fonctions royales, Philippe voulut en conserver
le revenu, et il fallut accroître les impôts,
déjà accablans, pour l'entretien d'un prince
devenu inutile à l'état.

*Avénement de Louis I<sup>er</sup>.—Mort de ce prince.*

Les Espagnols virent avec plaisir l'élévation au trône, d'un jeune prince né parmi eux, et dont les dispositions naturelles laissaient concevoir de flatteuses espérances. Louis était en effet bon, généreux et humain. Mais de fausses idées en religion dénaturent les plus heureux caractères. Son couronnement qui n'aurait dû rappeler que des idées de bienveillance et de bonheur public, fut marqué par un *auto-da-fé*, dans lequel cinq malheureux furent brûlés vifs en sa présence.

Le jeune monarque se montra toûjours plein de déférence et d'égards pour son père. Une dette très-considérable pesait sur le trésor; il ne voulut pas cependant, que le revenu dont Philippe s'était réservé la disposition, subît la diminution la plus légère. Il aima mieux apporter la plus sévère économie dans les dépenses de sa propre maison.

L'infante d'Espagne que l'on avait conduite en France, pour épouser Louis XV, était extrêmement jeune, et il aurait fallu attendre plusieurs années encore , pour consommer le mariage. D'ailleurs, Louis XV montrait beaucoup d'éloignement pour sa future épouse. Le conseil de Versailles la renvoya en Espagne, et mit assez peu de mesure dans cette détermination , prise et exécutée sans ces ménagemens délicats que la circonstance exigeait. Louis I$^{er}$, quoique naturellement doux , ressentit vivement l'insulte faite à sa sœur, et le témoigna avec beaucoup de fermeté. Il s'en fallut peu , que la guerre n'éclatât à cette occasion ; le sang des peuples aurait encore coulé, comme cela n'arrive que trop souvent, pour des intérêts de famille. La cour de Versailles donna quelques satisfactions, et la paix fut maintenue.

Après avoir obligé l'Empereur à accorder à don Carlos, son frère, l'investiture des duchés de Parme et de Plaisance, le jeune roi d'Espagne fut attaqué de la petite-vérole, et mourut généralement regretté.

*Elévation et chute de Riperda.*

1726. Philippe V remonte sur le trône. Son confesseur le menace, s'il s'y refuse, de la co-

lère du ciel. La reine n'était pas étrangère
aux représentations du prêtre, qui dirigeait
la conscience du dévot monarque. Ainsi,
l'on fait souvent servir la religion à des
intérêts purement humains.

Les cortès sont convoquées pour reconnaître les droits à la couronne de Ferdinand,
second fils du roi. Ces assemblées, alors
entièrement dévouées au pouvoir, ne se
réunissaient plus que pour accomplir de
vaines formalités; mais les peuples attachaient encore de l'intérêt à leurs fonctions.

Un baron de Riperda, Hollandais et pro-
testant, espèce d'aventurier, sans honneur
ni principes, comme il en faut pour se prêter
avec une basse complaisance, à toutes les
fantaisies des puissans de la terre, vient s'é-
tablir en Espagne. Il change de religion,
et cette démarche qui aurait dû lui attirer
le mépris, le met au contraire, sur le chemin des grandeurs. On lui donne une mission extraordinaire pour aller à Vienne,
conclure un traité dont les stipulations
devaient presque toutes tourner au profit
de l'Autriche. Cependant, on ne s'en
aperçoit pas d'abord, à Madrid, et Riperda,
est à son retour, accueilli avec des démons-

trations de joie, créé duc et grand d'Espagne, et admis dans les conseils , où , bientôt , il exerce une autorité absolue. Toutes les places sont envahies par ses créatures.

Les habitans de Valence et du royaume d'Aragon attendaient l'effet des promesses que l'archiduc Charles, devenu empereur leur avait faites, de les aider à recouvrer leurs priviléges ; promesses qui avaient été promptement oubliées. Voyant qu'il ne fallait plus compter sur l'intervention de ce prince , ils se soulèvent pour rentrer dans leurs droits antiques ; mais cette insurrection fut aisément réprimée.

Il est des hommes qui, avec de l'esprit, des connaissances , et surtout beaucoup d'ambition , se croient propres à remplir les plus hautes fonctions de l'état. Ils ignorent les premiers élémens de l'administration. Que les circonstances ou l'intrigue les portent au timon des affaires , alors leur incapacité frappe tous les yeux. Tel était le Hollandais Riperda. Le gouvernement d'une vaste monarchie était au-dessus de ses forces. Toutes les branches du service public étaient livrées au plus grand désordre. Des plaintes nombreuses s'élevaient dans les provinces et au sein même de la capitale, et les habitans voyaient, avec chagrin, les destinées de l'état confiées à un étranger, apostat et sans naissance. L'opinion publique éleva une voix si haute, qu'il fallut se résoudre à l'écouter. Riperda fut arrêté, et l'on allait lui faire son procès lorsqu'il s'échappa, s'enfuit en Afrique, et se fit mahométan. Il entra au service du roi de Maroc, et mourut pacha.

*Siége de Gibraltar. — Guerre contre les Maures. Succès des Espagnols en Italie.*

Le traité conclu par les soins de Riperda, entre l'Autriche et l'Espagne excitait la jalousie des autres puissances; l'Angleterre, la Hollande, la France, la Prusse, le Danemarck et la Suède se liguent pour en neutraliser les effets. Une flotte anglaise essaie, inutilement, d'enlever les galions d'Amérique dans la rade de Porto-Bello. La cour de Madrid, pour se venger de cette insulte, se détermine à faire le siége de Gibraltar; entreprise téméraire, également désapprouvée par le public et les généraux

espagnols. Il fallut l'abandonner honteuse-
ment après quatre mois d'attaques infruc-
tueuses.

Le cardinal de Fleury , ministre de
Louis XV, était d'un caractère très-pacifi-
que. Le roi d'Espagne , rebuté par le mauvais succès du siége de Gibraltar, consen-
tit à faire la paix , sous la médiation de la
France. Un nouveau traité fut conclu, auquel l'Autriche accéda. Mais l'empereur le
viola presqu'aussitôt, en s'opposant à ce
que don Carlos prît possession du duché
de Parme. Cependant, on entama des négociations, en même temps que l'on as-
semblait des troupes, et, chose vraiment
digne de remarque, parcequ'elle est malheureusement fort rare, don Carlos obtint
son duché, sans qu'il y eût eu personne de
tué, pour vider cette querelle.

Comme s'il avait fallu absolument que
l'armée réunie, pour soutenir don Carlos,
ne rentrât point dans ses garnisons, sans
répandre du sang, Philippe l'envoya en
Afrique combattre les Maures. Le marquis
de Mortemar, qui la commandait, battit
d'abord, ou plutôt dispersa une armée de

quarante mille hommes. Mais les Maures revinrent à la charge ; les environs d'Oran et de Ceuta furent inondés de sang, et cette guerre, où les Espagnols demeurèrent victorieux, ne produisit aucun résultat utile.

Le royaume de Naples et la Sicile avaient été enlevés à l'Espagne. La reine Isabelle, qui aimait le fracas des armes, vint à bout de déterminer son apathique mari, à faire des efforts pour reprendre ces anciennes possessions. De leur côté, la Russie et l'Autriche se liguaient pour détrôner Stanislas Lezinsky, beau-père de Louis XV. Ainsi, quoique les monarques européens eussent signé plusieurs traités de paix depuis trois ans, on se préparait partout à la guerre.

Trente mille vétérans espagnols, franchissent la Méditerranée, marchent sur Naples, et détruisent presqu'entièrement l'armée impériale qui s'était retranchée à Bitonto. Don Carlos est proclamé roi de Naples. Cette branche de la famille des Bourbons, établie sur le trône des deux Siciles, par la force des armes, pourrait-elle invoquer le droit divin ? Quoi qu'il en soit, les Espagnols passent en Sicile et s'en emparent. Le siége de Messine dura un an.

Les Français avaient passé le Rhin, mais ce fut en Italie que, réunis aux Piémontais, ils obtinrent les plus grands avantages. Humilié de ces défaites successives, l'empereur Charles VI demanda la paix qui lui fut accordée. Ce qu'il y eut alors de singulier, c'est que le premier article du traité stipula une renonciation formelle au trône de Pologne, pour Stanislas Leizinsky en faveur duquel, les vainqueurs avaient pris les armes ; c'était bien la peine de faire tuer tant de milliers d'hommes ! Stanislas obtint le duché de Lorraine, qui, après sa mort, fut réuni à la France. La mémoire de ce prince est encore vénérée dans ce pays, qu'il gouverna en père. Pourquoi tous les monarques n'imitent-ils pas ces trop rares exemples ?

1736 — L'Espagne était en paix, et commençait à respirer après de longues agitations, lorsqu'elle perdit le marquis de Castelar, ministre intègre et éclairé, que le roi, les grands et le peuple regrettèrent également. On ne peut guère en faire un éloge plus complet.

Par le traité d'Utrecht, les Anglais avaient obtenu quelques priviléges commerciaux, dont ils abusèrent. Philippe arma des vaisseaux pour s'opposer à la contrebande qu'ils faisaient, avec des bénéfices énormes, sur les côtes des colonies espagnoles en Amérique. Les commandans de ces vaisseaux outrepassèrent probablement leurs instructions, car les Anglais se plaignirent, et obtinrent douze cent mille francs d'indemnité.

Pendant que l'Espagne se reposait sur la foi de cet accord, le ministère anglais lui déclarait la guerre, forcé, en quelque sorte, par l'opinion publique, qui, dans ce pays, exerce un empire auquel l'autorité résiste difficilement. Porto-Bello est pris et pillé, 1741 avant que l'on ait eu le temps de se mettre en état de défense. Les flottes anglaises inquiètent les côtes de l'Espagne, brûlent la ville de Paita au-delà des mers, et s'emparent d'un galion richement chargé; mais ils attaquent inutilement Carthagène. Les Anglais sont expulsés de la péninsule, et l'on porte la peine de mort, contre ceux qui introduiront des marchandises prove-

nant du pays avec lequel on est en guerre;
mesure violente qui provoque des représailles.

*Fin du règne de Philippe V.*

La mort de l'empereur Charles VI jette, en
Europe, de nouveaux brandons de discorde.
Le principe de l'hérédité des trônes est préférable, en thèse générale, à d'orageuses
élections; mais il devient quelquefois lui-
même une source de troubles, parce que
ce droit, purement politique, a été confondu
avec le droit civil qui règle les successions
entre particuliers. Or ces deux espèces de
droits sont d'une nature fort différente.
N'est-il pas en effet très-extraordinaire,
que des alliances de famille autorisent les
prétentions d'un prince à gouverner des
peuples, auxquels il est tout-à-fait étranger par sa naissance, son éducation, ses
habitudes et même son langage. Cette assi-
milation absolue, d'une couronne à un héritage privé, est une des idées les plus
fausses qui aient pu entrer dans les têtes
humaines. C'est un droit de cette espèce

qu'invoquait ce roi d'Angleterre, qui prétendait au trône de France, et dont les armes et les intrigues ont si horriblement agité ce royaume, pendant le règne du roi, Charles VI, et le commencement de celui de Charles VII.

Marie-Thérèse, fille de Charles VI, prit possession des états héréditaires de la maison d'Autriche; mais les rois d'Espagne et de Portugal prétendirent, chacun de leur côté, à la totalité de cette succession. L'électeur de Bavière revendiquait la Bohême; le roi de Prusse s'emparait de la Silésie, et le roi de Sardaigne faisait revivre des droits 1741 surannés sur le Milanais. Toute l'Europe est en armes; le sang coule en abondance; les puissances belligérantes obtiennent tour-à-tour des succès ou éprouvent des revers.

L'électeur de Bavière, qui aurait vécu heureux, paisible et honoré, s'il s'était borné à gouverner en bon père de famille ses modestes états, fut en proie aux plus vives douleurs morales et physiques, dès l'instant où il ambitionna la couronne impériale. A la vérité, les ennemis de Marie-Thérèse étaient parvenus, à force d'intri-

gues, à le faire nommer empereur sous le
nom de Charles VII, par le collége des
électeurs réunis à Francfort: mais alors ses
états hériditaires étaient envahis. Réduit
aux très-modiques subsides que lui four-
nissaient les alliés, il éprouvait de véritables besoins au milieu de la pompe qui l'en-
vironnait, et bientôt il mourut de chagrin
sans avoir goûté un seul moment de bonheur et de repos, depuis le moment où il
était parvenu à la haute dignité, óbjet de
tous ses désirs.

Les Autrichiens, après beaucoup de vicissitudes, avaient fini par obtenir de
grands avantages, et Marie-Thérèse vint
à bout d'élever son mari, François de Lorraine, sur le trône impérial.

1745  Cet événement terminait la querelle, et
la paix aurait pu succéder à une guerre
sanglante devenue sans effet; mais l'impé-
rieuse Isabelle, reine d'Espagne, voulait
un établissement en Italie, pour l'infant
Don Philippe, son troisième fils. La cour
de Versailles entra dans ses vues, et le
sang continua de couler. L'histoire moderne est pleine de ces guerres aussi funestes que honteuses pour les peuples, et

qui sont entreprises uniquement dans l'intérêt d'un individu ou d'une famille.

La France gagne la bataille de Fontenoi, long-temps indécise et même perdue pendant une grande partie de la journée, comme l'ont été, soixante ans après, celles de Marengo et d'Eylau. Le petit-fils de Jacques II, dont la famille avait été chassée cinquante-sept ans auparavant, fait une tentative pour recouvrer ce qu'il appelle le *patrimoine de ses pères.* Il débarque en Ecosse, et trouve des ambitieux qui embrassent sa cause, parce qu'une révolution leur offre en perspective des richesses et des dignités. De braves montagnards, que leurs chefs entraînent d'autant plus aisément qu'ils joignent à un grand courage une ignorance plus grande encore, lui forment un noyau d'armée avec lequel il obtient quelques succès. Mais les troupes anglaises se réunissent, le prétendant est battu à Culloden, s'enfuit en traversant une rivière à la nage, et entend, de l'autre bord, les cris affreux de six cents montagnards écossais qui périssent au milieu des flammes, dans une grange à laquelle l'ennemi avait mis le feu. Si cet homme n'avait pas un cœur de rocher, quels regrets amers ne devait-il pas ressentir! Sans doute aussi les rigueurs excessives auxquelles s'abandonna, contre ses partisans, un vainqueur irrité, excitèrent ses remords, car c'était sa téméraire et coupable entreprise qui les avait provoquées.

Depuis plusieurs années, des armées françaises, espagnoles et autrichiennes ravageaient l'Italie. Battus par les impériaux, Don Philippe et le maréchal de Maillebois avaient été contraints d'évacuer le Milanais et de repasser le Pô. La mort de Philippe V vint augmenter le danger de leur situation. Ce prince, successivement dominé par les deux reines ses épouses, par la princesse des Ursins et par ses ministres, n'avait jamais donné que fort peu d'attention aux affaires de son royaume. Il préférait s'occuper de jeûnes, de prières, de processions, de cérémonies religieuses; toutes choses qui convenaient mieux à un moine qu'à un monarque. Aussi le peuple espagnol apprit-il sa mort avec une grande indifférence.

*Ferdinand-le-Sage.—Révolution de Gênes.*

Ferdinand VI monta sur le trône à trente-
trois ans. Les premiers actes de son administration donnèrent d'heureuses espérances qui ne furent pas démenties. Il accorda
un pardon général aux proscrits et aux dé-
serteurs, fit sortir de prison les malheureuses victimes que l'inquisition y avait
entassées, et fixa deux jours par semaine,
pour recevoir les demandes et les remontrances de ses sujets. Le moindre citoyen
avait un accès facile auprès de lui. Il choisit des ministres habiles et environnés de
l'estime publique. Pendant tout son règne,
qui fut malheureusement trop court, il
travailla constamment au bonheur du peuple.

Ferdinand aurait voulu mettre un terme
à la guerre, qu'il regarda toujours comme
un fléau; mais il ne lui fut pas possible de
rétablir la paix aussi promptement qu'il
l'aurait désiré. Les Français et les Espagnols avaient été forcés de se retirer sur
Gênes; mais bientôt les premiers allèrent
prendre des cantonnemens dans la Savoie,

et les autres entrèrent en Provence. Les
Génois, abandonnés à eux-mêmes, furent
contraints de s'humilier devant le vainqueur, et de recevoir les Autrichiens dans
leurs murs. Marie-Thérèse les traita avec
la plus grande dureté; elle leur imposa des
contributions énormes, et se fit rendre les
bijoux qu'elle avait déposés comme garantie d'une somme considérable que la
république lui avait prêtée. Les infortunés
Génois étaient exposés chaque jour aux
insultes et aux spoliations d'une soldatesque
brutale et stupide, autorisée dans ses excès
par des chefs qui en donnaient eux-mêmes
l'exemple. Après avoir pillé les magasins
de la ville, le commandant autrichien voulut obliger ses habitans à traîner, comme
des bêtes de somme, les pièces d'artillerie
dont il avait l'intention de s'emparer. Ils se
soumirent à ce nouvel outrage, parce que
la force aurait été employée pour les y
contraindre. Mais les cœurs étaient ulcé-
rés, et la moindre violence intempestive
pouvait produire une explosion. Ce fut
aussi ce qui arriva. Un officier autrichien
frappe de sa canne un habitant qui lui paraissait ne pas mettre assez de zèle et d'ar-

deur dans le travail ignominieux dont on vient de parler. Le Génois tire son poignard, et étend l'Autrichien roide mort à ses pieds. Cette action hardie, ou plutôt produite par le ressentiment irréfléchi de l'insulte, devient le signal de l'insurrection qui, semblable à la commotion électrique, se communique en un moment à la ville entière. Partout on s'arme de tout ce qui se rencontre sous la main. La haine, le désespoir, le désir de la vengeance décuplent les forces. Les Autrichiens sont attaqués avec fureur, et le peuple ne fait grâce à aucun de ceux qui tombent vivans entre ses mains ; pendant cinq jours on se bat dans les rues. Successivement débusqués de tous leurs postes, les impériaux sont enfin chassés de la ville, qui ne doit qu'à elle-même sa délivrance : mémorable exemple de ce que peut une population mécontente et irritée, lorsque l'injustice et l'oppression ont été portées au-delà de toutes les bornes.

Les Français et les Espagnols reprennent l'offensive. On ouvre des conférences à Bréda, mais la France se refuse à souscrire aux conditions qu'on veut lui imposer, et la guerre continue : humain, sage et généreux, Ferdinand s'en afflige. Il avait été déjà très-péniblement affecté de l'affreux tremblement de terre qui avait détruit la capitale du Pérou et plusieurs autres villes.

### Paix d'Aix-Cla-hapelle. — Fin du règne d'un prince vertueux.

En continuant la guerre malgré lui, Ferdinand n'avait d'autre but que de conquérir la paix. Il envoya des secours aux Génois, assiégés par quarante mille Autrichiens, qui furent forcés à la retraite. Mais les Français perdirent la bataille d'Exiles, et furent ramenés sur les bords du Var. En Flandre, au contraire, le maréchal de Saxe gagnait la bataille de Lawfeld; Berg-op-Zoom était pris après un siége long et meurtrier. L'or de l'Angleterre avait cherché des secours jusque dans ces régions glacées, encore presque inconnues au reste de l'Europe. Quarante mille Russes accourent à la défense des vaincus. Leur apparition sur les frontières de la Franconie détermine la réunion d'un congrès à Aix-la-Chapelle. La paix se fit, et l'infant don Philippe obtint les duchés de Parme, Plaisance et Guastalla. La reine douairière était parvenue au but de ses longs efforts, et il semblait que son ambition aurait dû être satisfaite. Mais le repos était un supplice pour cette turbulente princesse, qui aurait encore excité de nouveaux orages, si le roi son fils ne l'avait enfin réduite à ne plus se mêler des affaires publiques. Ce monarque mit alors tous ses soins à établir l'ordre dans les finances et dans toutes les parties de l'administration. Il abolit plusieurs impôts, en diminua d'autres, et voulut que chacun jouît avec une sécurité entière du fruit de son travail ou du revenu de sa propriété. La cour de Versailles voulut, par de brillantes promesses, l'engager dans une guerre contre l'Angleterre; il répondit froidement : « Je serai plus utile comme médiateur que comme allié, » et persista à ne pas troubler la paix dont l'Espagne avait le bonheur de jouir. L'histoire dit peu de chose des dernières années du règne de Ferdinand VI, parce que les soins assidus d'un prince qui gouverne avec sagesse, justice et modération, n'ont pas cet éclat funeste de guerre et de conquêtes qui éblouit le vulgaire. Mais il avait trouvé le trésor vide et obéré; il avait fait face à toutes les dépenses, diminué les charges publiques, et, à sa mort, il y laissa soixante et douze millions.

### *Pacte de famille. — Guerre qui en est la suite.*

1759　　Le roi de Naples, frère de Ferdinand, lui succéda sous le nom de Charles III. Son début fut heureux. Il rendit à la ville de Barcelonne ses anciens priviléges, donna des soins particuliers à la marine militaire, fit fleurir les arts et le commerce, et veilla scrupuleusement à l'administration de la justice. Mais il signa cette fameuse convention, connue sous le nom de *pacte de famille* et dont son prédécesseur n'avait pas voulu entendre parler, parce qu'il prévoyait avec raison qu'elle troublerait le repos qu'il s'était efforcé de rendre à l'Espagne. L'Angleterre qui ignorait les dispositions de ce traité secret, témoigna du mécontentement et de l'inquiétude : elle demanda des explications. On lui répondit que les armemens, qui se faisaient dans les ports de la Péninsule, avaient pour objet de contenir les corsaires barbaresques. Quand ils furent terminés, l'ambassadeur anglais reçut l'ordre de quitter l'Espagne. Telle est la bonne foi des gouvernemens; un particulier serait déshonoré s'il se conduisait comme le font beaucoup de rois et leurs ministres.

Cette guerre, dans laquelle la cour de Madrid s'était engagée sans nécessité, fut malheureuse pour l'Espagne. Ses troupes entrèrent par trois points différens dans le Portugal, allié de l'Angleterre, prirent Bragance, Almeïda et quelques autres villes; mais une petite armée anglaise et portugaise, manœuvra avec tant d'habileté, qu'après avoir long-temps harcelé les espagnols, elle les força à une retraite honteuse. En Amérique, les Anglais avaient pris la Havanne, l'île de Cuba, neuf vaisseaux de ligne et plusieurs navires chargés de marchandises précieuses. La perte totale fut évaluée à soixante et douze millions. Dans les mers de l'Inde, ils s'étaient emparés de Manille et des Philippines; mais ils échouèrent devant Buénos-Ayres, et cet échec les détermina à

écouter des propositions de paix. L'Espagne
céda une partie de la Floride ; on lui rendit
l'île de Cuba dévastée, et cette guerre inutile n'aboutit qu'à des calamités générales
et particulières ;  car  ce sont toujours les
peuples qui paient les fautes des gouvernemens.

### *Expulsion des Jésuites.*

Un  militaire ignorant,  dégoûté du métier  des armes,  après  avoir  été blessé au
siége de Pampelune, se jette dans la haute
dévotion.  Non content de  marcher pour
son  propre  compte dans la voie du salut
éternel,  il veut y conduire les autres et se
livre à la prédication. Mais cette religion
que son fondateur avait voulu  rendre accessible à  toutes les intelligences, a reçu,
grâce  aux  commentateurs,  aux pères de
l'église, aux conciles, et surtout aux théo-
logiens, de si prodigieux développemens,
qu'il faut de très-longues études pour la
bien comprendre dans toutes ses parties, et
ne pas courir le risque de répandre des doctrines erronées. Ignace de Loyola , chez qui
la science ne répondait pas au zèle, donna

facilement dans cet écueil. On lui défendit
de prêcher jusqu'à ce qu'il eût étudié la
théologie. Pour remplir cette condition il
se rendit à Paris; ses progrès furent toujours très-médiocres, et cependant, malgré son peu d'instruction, il parvint à s'attacher quelques hommes de mérite. Ce sont
ces disciples, très-supérieurs à leur chef,
pour l'esprit et les connaissances, qui sont
les véritables fondateurs de cette société
fameuse, connue sous le nom de *compagnie
de Jésus*. Sa doctrine et ses statuts ont toujours été couverts d'un voile mystérieux.
Humble et modeste à sa naissance, on l'a
vu grandir rapidement, former des établissemens partout, s'emparer de l'instruction
publique, diriger la conscience des rois. Son
organisation intérieure est un chef-d'œuvre
d'adresse et de politique artificieuse. Elle a
le talent d'intéresser tous ses membres, laïcs
ou ecclésiastiques, à la prospérité de l'association. Son système de police et d'inves-
tigation est très-habilement combiné, et le
général de cet ordre est certainement l'un
des hommes le mieux informé de tout ce
qui se passe, qu'il y ait en Europe.

12*

Ambitieux et nourris dans l'esprit d'intrigue, les jésuites se firent de zélés pro-
tecteurs ; mais ils eurent aussi des ennemis
ardens et nombreux. Quelques membres
de la compagnie avaient professé des maxi-
mes infâmes et abominables, et la société
ne les avait pas désavouées. De grands crimes étaient commis, et le soupçon tombait sur eux ou du moins sur leur doctrine.
L'orage grondait depuis quelque temps, il
éclata tout-à-coup. En France, l'ordre fut
successivement supprimé, dans les différentes provinces, par les parlemens, mais
on permit aux membres qui en avaient fait
partie, de résider dans le royaume. Les rigueurs qu'on exerça contre lui, furent beaucoup plus grandes en Espagne.

Les six colléges de jésuites, à Madrid,
furent, à minuit, entourés de troupes, qui
forcèrent les portes et enlevèrent tous les
religieux, que l'on transporta à Carthagène. Les mêmes mesures furent prises
partout. L'intention du gouvernement était
de déporter tous ces membres de la compagnie de Jésus dans les états romains ;
mais le pape Clément XIII ne voulut

pas les recevoir. On les transporta dans la Corse, et il s'en trouva encore deux mille trois cents ; un assez grand nombre avait péri en route. Les droits de l'humanité ne furent pas assez respectés dans cette circonstance, et c'est toujours un tort très-grave, quelque justes ou nécessaires que puissent être les mesures qu'un gouvernement croit devoir adopter.

Quelques années après, l'ordre fut entièrement supprimé par le pape Clément XIV. On a prétendu que son élection avait été mise à ce prix ; mais aucun document certain ne l'a constaté, quoique l'on connaisse assez les honteuses intrigues qui agitent le conclave quand il est question de choisir ce chef suprême du culte catholique.

*Société des amis de la patrie. — Guerre de l'indépendance américaine.*

Pendant que la France achetait la Corse et laissait partager la Pologne, faute, d'ailleurs, commune à tous les gouvernemens du midi de l'Europe, qui avaient un égal intérêt à ne pas permettre cette grande iniquité, Charles profitait des loisirs de l'état de paix dont jouissait l'Espagne, pour fonder d'utiles établissemens. Telle était la société *des amis de la patrie*, association de citoyens recommandables par leurs talens et leur zèle pour le bien public, et qui s'occupaient de perfectionner les procédés de l'agriculture et de l'industrie, et de donner au commerce de l'activité et des développemens. Il établit aussi une colonie à la Sierra-Morena. Huit mille allemands furent appelés par des concessions de terres et d'autres avantages, à venir donner l'exemple d'une culture soignée; et ces pays, long-temps abandonnés, mais qui n'attendaient, pour produire, que des mains laborieuses, se couvrirent de villages florissans et de riches moissons.

Les soins que Charles donnait à toutes les parties de l'administration auraient produit les plus heureux effets, si le pacte de famille n'avait pas engagé l'Espagne dans toutes les guerres que la France jugeait à propos d'entreprendre et réciproquement.

Les anciens formaient des colonies avec l'excédent de leur population. Ces colonies étaient indépendantes de la métropole; elles lui demeuraient seulement unies par des liens de consanguinité et de bon voisinage, par une sorte d'attachement filial qui se manifestait dans toutes les circonstances importantes.

Les modernes ont fondé leurs colonies sur d'autres bases. Depuis la découverte du Nouveau Monde, plusieurs nations européennes ont fait de grands efforts pour s'établir dans ces contrées lointaines, où la terre recellait dans son sein des métaux précieux, où une terre vierge et un littoral immense appelaient l'agriculture et le commerce. Leurs colonies d'Amérique ont été retenues dans une grande dépendance; mais un semblable état de choses ne pouvait subsister qu'aussi long-temps qu'elles seraient hors d'état d'en secouer le joug. L'heure de l'affranchissement était arrivée 1777 pour les colonies anglaises du nord de l'Amérique. Un nouvel impôt, arbitrairement établi, fut le signal de l'insurrection. Si ce prétexte avait manqué, on en aurait saisi un autre, parce que, quelques années plus tôt ou plus tard, la séparation était devenue inévitable. La France embrassa la cause de l'indépendance américaine contre la métropole, ce qui entraîna ce pays dans une guerre à laquelle l'Espagne, liée par le pacte de famille, fut obligée de prendre part

1779    Les flottes française et espagnole mirent
à la voile pour aller à la recherche de l'escadre anglaise, et rentrèrent dans le port
de Brest sans avoir pu la rencontrer. Un
galion espagnol, chargé de deux millions
de piastres, tomba entre les mains de l'ennemi.

### Siége de Gibraltar.

Cette forteresse importante, située sur
les côtes d'Espagne, à l'entrée du détroit
qui sépare l'Europe de l'Afrique, avait été
cédée à l'Angleterre par le traité d'Utrecht,
qui mit un terme à la guerre de la succession. L'Espagne a dû voir constamment,
et voit sans doute encore avec chagrin, une
puissance étrangère établie sur son territoire. On crut sans doute, à l'époque où
nous sommes parvenus, qu'il serait possible de l'en chasser, et le siége de Gibraltar
fut résolu ; mais cette entreprise présentait
des difficultés très-grandes. Du côté de la
terre, des escarpemens presque inaborda-
les rendaient la défense facile. La voie de
mer offrait des obstacles d'un autre genre.
On aurait pu les surmonter avec une flotte
qui se serait opposée à ce que les assiégés

reçussent aucun secours; mais l'amiral
Rodney, chargé de cette mission, la remplit avec le plus grand succès. Il s'empara
sur sa route de quinze bâtimens marchands
et de plusieurs frégates. A la hauteur du cap
St-Vincent, il battit l'amiral espagnol Langara, le prit lui-même avec son vaisseau de
90 canons, et entra triomphant dans le port
de Gibraltar. La garnison de cette place était
de six mille hommes, abondamment pourvus de tout ce qui était nécessaire à sa défense.

Le siége de Gibraltar, l'un des plus mémorables de notre époque, était dirigée par
le duc de Crillon, qui commandait l'armée combinée espagnole et française, qui
s'était rendu maître auparavant de l'île Minorque et du fort Saint-Philippe. Il fut
poussé avec beaucoup de vigueur. Les
bombes écrasaient et incendiaient les maisons; les boulets renversaient les murailles,
mais le brave et habile général Elliot, gouverneur de Gibraltar, et que cette défense
a immortalisé, ordonnait la réparation des
brèches, et la garnison y travaillait avec
une activité infatigable. L'armée assiégeante faisait, presque en pure perte, une pro-

digieuse dépense de poudre et de projec-
tiles. La cour d'Espagne recevait beaucoup
de projets dont les auteurs donnaient librement carrière à leur imagination; on
s'arrêta à celui que présenta l'ingénieur
français Darçon, et l'on construisit à très-
grands frais dix prames ou batteries flot-
tantes d'une dimension énorme. Des blin-
dages fort épais, entretenus dans un état
d'humidité continuelle par un jeu de pom-
pes, devaient les mettre à l'abri des boulets rouges. Cependant, le jour de l'attaque, elles furent incendiées en partie par
l'ennemi, et il fallut mettre le feu aux autres pour empêcher qu'elles ne tombassent
entre ses mains. Cette tentative, sur laquelle on avait fondé tant d'espérances,
coûta la vie à un grand nombre de matelots
et de soldats. Ce terrible échec ne décou-
ragea point les assiégeans; ils attachèrent
le mineur au rocher sur lequel reposent
les fondemens de la forteresse. Ce nouveau
travail qui, pour obtenir du succès, devait
être fait sur une grande échelle, ne pouvait pas marcher rapidement. Il n'était pas
encore terminé, lorsque la paix fut signée.
Ainsi finit ce siége célèbre, qui avait duré
près de trois ans.

Cette époque est l'une des plus remarquables de l'histoire moderne. Alors fut authentiquement et formellement reconnue cette république américaine qui, dans un espace de quarante ans, a pris un accroissement prodigieux. Des publicistes routiniers avaient prétendu que cette forme de gouvernement ne pouvait convenir qu'à de petits états. Elle régit aujourd'hui un pays qui égale en étendue la moitié de l'Europe, et rend les peuples aussi heureux qu'il est permis à l'homme de l'être. Nulle part on n'a jamais joui d'une liberté aussi complète, et jamais on n'en a moins abusé. L'abondance et la paix règnent au sein de cette république, qui a commencé sa révolution avec quatre millions d'habitans, et qui en compte aujourd'hui quinze millions au moins, et où tous les genres de prospérité s'y développent avec une rapidité qui étonne l'imagination. Le vrai philosophe n'aperçoit qu'une seule tache dans ce tableau consolateur, dont le pendant n'existe pas encore; c'est l'esclavage des noirs qui subsiste dans quelques-uns des états confédérés. L'affranchissement total de cette classe infortunée présente de

grandes difficultés. Il serait digne de la
sagesse et de l'humanité du congrès amé-
ricain de le préparer graduellement par des
moyens plus efficaces encore que l'aboli-
tion de la traite.


## Mort de Charles III.


Par le traité de paix qui venait d'être
signé, l'Espagne conserva Minorque et les
Florides. Deux expéditions furent dirigées
contre Alger et n'aboutirent qu'à faire tuer
des hommes. Enfin, le ministère mit un
terme aux hostilités en payant quatorze
millions de réaux à ces pirates, dont les
insolentes déprédations sont la honte des
puissances européennes.

Charles ne s'occupa plus que des soins
de l'administration intérieure. En 1785, il
établit la compagnie des Philippines; il fit
ouvrir le canal d'Aragon, en 1787, et
mourut l'année suivante justement regretté. Ce n'était pas un grand monarque, mais
c'était un bon roi, ce qui vaut infiniment
mieux. Sa sollicitude pour le bien-être
des peuples est d'autant plus digne d'esti-

me, que de semblables éloges sont rarement mérités. La régularité de ses mœurs et la simplicité de ses goûts rendent sa mémoire recommandable. La stabilité des ministres, pendant son règne, est aussi une circonstance remarquable, et contribua certainement beaucoup aux heureux résultats qu'il obtint. Car rien n'est plus funeste à un état que ces changemens continuels qui livrent toutes les parties de la puissance publique à cette foule d'intrigans et d'ambitieux dont l'avidité et l'inexpérience corrompent et désorganisent les différentes branches de l'administration. Chacun arrive dans la place qu'il a envahie avec ses théories particulières qu'il veut mettre en pratique; il n'y a rien de suivi dans les plans ni dans les idées, et le peuple souffre de ces perpétuelles oscillations, qui compromettent quelquefois ses plus chers intérêts.

# QUATRIÈME PARTIE.

1788    Lorsque Charles **IV**, fils du dernier roi,
monta sur le trône, l'Espagne était tranquille et florissante. Ferdinand **VI** et Charles **III** avaient compris les véritables devoirs de la royauté, qui ne sont jamais
mieux remplis que lorsque les monarques
travaillent sincèrement au bonheur des sujets, sans partialité, sans acception de personnes, en les considérant tous comme
membres d'une même famille, dont ils sont
les chefs et les pères. L'inquisition, autrefois si terrible, et dont le nom seul rappelle l'une des plus grandes calamités qui ait
pesé sur l'espèce humaine, n'avait presque
plus d'autres fonctions que celle de mettre
à l'*index* les productions littéraires ou phi-
losophiques, que des pensées libres et har-
dies recommandaient à son ombrageuse
surveillance. Les hommes aux yeux desquels toute innovation, quelque sage et
utile qu'elle puisse être, paraît un crime

irrémissible, ont beaucoup vanté cette
mansuétude de l'inquisition dans les temps
les plus rapprochés de nous. Ils ont traité
de déclamations les reproches qui lui étaient
adressés, parce que depuis cinquante ou
soixante ans le nombre de ses victimes a
été peu considérable : un mot répond à
tout. C'est l'institution froidement cruelle
qui a fait périr sur ses bûchers plus de deux
cent mille Maures, Juifs et protestans que
l'on attaque, et non celle qui, réduite à
l'impuissance de nuire, redeviendrait aussi
atroce qu'elle l'a jamais été, si de malheureuses circonstances lui rendaient son horrible pouvoir. Tous les parlemens du royaume ont supprimé l'ordre des jésuites, chacun dans l'étendue de sa juridiction. L'autorité royale a donné son imposante sanc-
tion à cette grande mesure, qui délivrait
la France d'une association dangereuse dont
l'ambition, l'esprit d'intrigue, les doctrines
équivoques avaient soulevé contre elle tant
d'esprits distingués et de nobles caractères.
Cinquante ans s'étaient écoulés; on la croyait
détruite, anéantie. Tout-à-coup elle renaît
de ses cendres. Souple, adroite, prenant
toutes les formes pour arriver à ses fins,

elle se glisse, comme un poison subtil, dans les veines du corps social. Le clergé, l'instruction publique, l'administration obéissent peut-être, sans le soupçonner encore, à sa secrète influence. Encore quelques années, si rien ne s'oppose à ses progrès, et on la verra triomphante, dominatrice, redoutable à quiconque ne voudra pas fléchir le genou devant elle. Ainsi l'inquisition, dont on exalte avec une candeur si naïve la douceur et l'indulgence, se montrera fanatique et sanguinaire, comme elle l'a été sous Ferdinand le Catholique et Philippe II, aussitôt que l'autorité lui prêtera de nouveau son appui. Il ne faut donc point se lasser de présenter cette institution sous son véritable aspect; c'est-à-dire comme aussi contraire à la religion qu'elle prétend défendre, qu'à l'humanité qu'elle afflige.

1789 La bonne intelligence rétablie entre l'Angleterre et l'Espagne fut un moment troublée. Cette première puissance avait établi une colonie à Nootka, sur les côtes du Mexique; les Espagnols la détruisirent. La cour de Saint-James, irritée, arma deux escadres, mais celle de Versailles ayant mis quarante-cinq vaisseaux en mer pour les joindre aux forces maritimes espagnoles, l'Angleterre revint à des sentimens plus pacifiques.

Alors éclata en France cette révolution qui était aussi inévitable que l'émancipation des colonies anglaises, parce qu'elle n'était que la manifestation des changemens qui s'étaient faits dans les opinions, les mœurs, et tous les rapports sociaux d'une grande nation, mais que le pouvoir aurait prévenue par des concessions sages, faites à propos, ou qu'il aurait dirigée et garantie de ses déplorables excès, s'il avait mis dans sa conduite plus de franchise, de bonne foi, et de cette haute prudence que lui conseillait son propre intérêt bien entendu.

Le comte d'Aranda qui, sous Charles III, avait présidé à l'expulsion des jésuites, était alors à la tête des affaires en Espagne. Il s'opposa de tout son pouvoir à ce que cette puissance entrât dans la coalition des cours étrangères qui voulaient rétablir l'ancien ordre de choses en France, par la force des armes : mais il ne montrait pas assez d'éloignement pour les idées nouvelles, et leurs antagonistes parvinrent à l'exclure du ministère.

### Le prince de la Paix.

Un simple garde-du-corps qui avait eu le bonheur de plaire à la reine d'Espagne, don Emmanuel Godoï, était parvenu rapidement à la plus haute fortune. Allié à la famille royale par son mariage avec Thérèse de Bourbon, nièce du roi, premier ministre, et gouvernant l'Espagne avec un pouvoir absolu, il avait excité de vives jalousies, qu'il aurait réduites au silence s'il avait montré plus de sagesse et de talent. Mais, présomptueux, arogant, fier de l'empire qu'il exerçait sur l'esprit du roi et de la reine, il était l'objet de la haine générale, comme le sont tous les favoris qu'un mérite éminent ne soutient pas. Cet homme est l'une des principales causes de tous les malheurs qui ont accablé l'Espagne dans ces derniers temps. Son inhabileté, son orgueil et son ambition ont attiré sur sa patrie d'innombrables calamités.

1793 La mort tragique de Louis XVI, événement qu'on ne saurait assez déplorer, sous quelque rapport que l'on le considère, dans l'intérêt de la république, comme dans

celui de la monarchie, la mort de Louis
XVI devint le signal d'une rupture entre
la France et l'Espagne. Les Espagnols, di-
visés en deux corps, obtinrent d'abord
quelques succès. Cette frontière était dé-
garnie, et les forces dont on put disposer
pour la défendre, ne furent jamais considérables. La valeur des soldats et l'habileté
des chefs suppléaient au nombre. Les généraux Dugommier, Pérignon, Moncey,
Delaborde et quelques autres y acquirent
de la gloire. Les Espagnols qui avaient pénétré dans le Roussillon en furent repoussés. Après deux campagnes, les armées
républicaines qui avaient fini par obtenir
une supériorité décidée, passèrent l'Èbre
et marchaient sur Madrid, lorsque le gouvernement espagnol se détermina à traiter
de la paix. Elle fut négociée et signée à
Bâle, où la république française avait pour
plénipotentiaire M. Barthélemy, aujour-
d'hui pair de France. Le ministre tout puissant, Emmanuel Godoï, se fit donner, à
cette occasion, par Charles IV, le titre de
prince de la Paix, dont il aurait eu quelque
sujet d'être fier, si, en procurant au pays
ce grand bienfait, il n'avait pas été l'au-

teur d'une guerre malheureuse qu'il n'avait pas su diriger.

On peut remarquer au sujet de cette paix, qu'un prince de la maison de Bourbon a été le premier qui se soit retiré de la coalition formée contre le gouvernement nouveau qui avait expulsé les Bourbons de la France.

Les deux pays réconciliés formèrent bientôt entre eux une alliance étroite, et l'Espagne s'engagea à soutenir les intérêts de la révolution. Ce n'est pas l'un des phénomènes les moins singuliers de cette époque.

Des résistances impuissantes mais opiniâtres dans l'intérieur, au dehors les attaques de vive force, avaient donné à la révolution française un degré d'irritation et d'énergie féroce qui frappe encore l'imagination de surprise et d'épouvante. Ni la vie des citoyens, ni les propriétés n'étaient sacrées aux yeux des hommes violens entre les mains desquels le pouvoir était tombé. On frémit au seul souvenir des excès et des cruautés dont se rendait coupable un fanatisme politique sombre et farouche qui ne reculait devant aucun sacrifice. Ses monstrueuses et gigantesques conceptions sauvèrent l'indépendance du territoire, mais elles perdirent la liberté républicaine dont l'idée se lia, dans l'esprit d'une foule de personnes, à la pensée des horreurs que l'on avait commises pour la faire triompher de tous les obstacles.

Lorsque la constitution de l'an 3 eut établi en France une forme régulière de gouvernement, le prince de la paix conçut l'extravagant projet de placer sur le trône de France le second fils de Charles IV. Cette idée seule prouve combien peu les vues en politique de ce ministre tout puissant étaient justes et élevées. La France était loin encore de se trouver préparée au rétablissement de la monarchie. Cependant de ténébreuses intrigues furent ourdies pour parvenir à ce but. Trompé dans cette ridicule espérance, il ne lui resta que le regret d'avoir forgé, pour son pays, des chaînes qu'il n'était plus possible de rompre.

Pendant la durée du consulat et les premières années de l'empire, les liens qui unissaient l'Espagne à la France se resserrèrent encore. La Toscane fut donnée,

avec un titre royal, aux princes d'Espagne
établis en Italie. Mais tout à coup, lorsqu'on s'y attendait le moins, le prince de
la Paix appelle toute la population espagnole aux armes. La France était alors en-
1806 gagée dans une guerre avec la Prusse, et
le ministre, qui dirigeait les affaires à Madrid, crut apparemment que les circonstances étaient favorables pour une rupture;
mais la bataille d'Iéna détruisit toutes ses
espérances, et il fut réduit à chercher de
misérables excuses pour colorer une pro-
vocation imprudente, qui, selon toute apparence, a été la source première des malheurs qui ont accablé l'Espagne. Il prétendit que cet armement intempestif avait
pour objet de repousser une attaque que
l'empereur de Maroc méditait. Il était difficile de rien imaginer de plus ridicule, et
un prince moins pénétrant que Napoléon
1807 n'en aurait pas été la dupe. Alors fut signé
ce fatal traité de Fontainebleau, dont un
des articles portait qu'une souveraineté indépendante serait érigée en Portugal et
donnée au prince de la Paix, qui se laissa
prendre à ce piége. Le reste de cet état
devait former un royaume de *Lusitanie*,

destiné à dédommager la reine d'Étrurie
à qui l'on venait d'enlever la Toscane. Mais
pendant que se formait l'orage qui allait
éclater contre la monarchie espagnole, le
trouble régnait dans la famille royale livrée
à de déplorables intrigues.

### Procès du prince des Asturies.

Ferdinand, fils aîné de Charles IV, étant
devenu veuf, le prince de la Paix conçut
le projet de lui faire épouser sa belle-sœur.
Déjà allié à la famille royale, il voulait
frayer à sa parente le chemin du trône.
Mais le prince des Asturies repoussa cette
proposition avec mépris, et le favori en
conserva un ressentiment profond.

L'héritier présomptif de la couronne n'é-
tait pas heureux. Le prince de la paix avait
prévenu contre lui, le roi et la reine, qui
obéissaient aveuglément à toutes ses inspirations. Le prince des Asturies était entouré d'embuches et de dangers dans une
cour livrée aux cabales et à l'intrigue ; il
versait ses chagrins dans le sein de Escoïquiz, son ancien précepteur, qui vivait
loin de Madrid. Les messages se multiplient,

et l'on en conçoit des soupçons. Le prince
des Asturies avait composé quelques écrits,
dont le but était de faire connaître au roi,
la situation fâcheuse à laquelle l'Espagne
était réduite par la mauvaise administration du favori. On s'empare des papiers du
prince, qui est arrêté, ainsi que le chanoine
Escoïquiz, et le duc de l'infantado ; ce dernier personnage avait engagé Ferdinand à
chercher un asile auprès de Napoléon, et à
lui demander une de ses nièces en mariage.
Cette affaire avait même été traitée par le
moyen de l'ambassadeur français, à Madrid.
Cette négociation pouvait fournir un chef
d'accusation spécieux ; il fut écarté sur la
demande de l'Empereur. Restait donc le
grief résultant des écrits que le prince avait
composés ; mais on ne pouvait faire un
crime à l'héritier du trône, de faire connaître au roi, son père, les vices de l'administration. Ferdinand recouvre sa liberté ;
mais le duc de l'infantado et Escoïquiz sont
condamnés à l'exil.

Charles IV, dont *le bras vengeur fut désarmé par la voix de la nature, usa de clémence envers un fils qui lui demandait hum-
blement pardon, et qui dénonçait les coupa-*

*bles instigateurs de ses criminelles démar-
ches.* Telles furent les propres paroles des
deux princes. Cette particularité nous a
paru curieuse, et mériter que le souvenir
en fût conservé.

### Première abdication de Charles IV.

Le traité de Fontainebleau donnait à Napoléon, la liberté de faire entrer des troupes
en Espagne. Par les ordres du prince de la
paix, Saint-Sébastien, Pampelune, Fi-
guières et Barcelone reçurent garnison
française. Cet acte seul de son administration justifierait la haine et le mépris public qui s'attachaient à lui; de même, quel
est le Français qui ne frémirait d'indignation, qui ne vouerait à l'opprobre, un ministre assez dégradé, pour admettre dans
nos places fortes, des Prussiens, des Russes
ou d'autres étrangers ?

La nation espagnole étonnée, témoigne
de l'inquiétude. Un personnage mystérieux,
nommé Izquierdo, remplissait à Paris, une
mission secrète, dont quelques parties sont
demeurées couvertes de ténèbres. Il se
rend à Madrid, obtient de Charles IV, une

audience particulière, et repart pour la capitale de l'empire français. Les projets de Napoléon commençaient à se développer. Emmanuel Godoï, s'apperçoit qu'il a placé la monarchie espagnole sur le bord d'une abîme. Lui-même, au lieu de la souveraineté qui lui a été promise en Portugal, n'envisage plus qu'une chute éclatante et prochaine. Toujours imprévoyant, irréfléchi et extrême dans ses résolutions, il forme le dessein de conduire la famille royale, dans le midi de la péninsule, pour la transporter ensuite au-delà des mers. Cette idée transpire, le peuple de Madrid s'émeut et se porte à Aranjuez, où la troupe se joint à lui. Le favori qu'on découvre dans un grenier où il s'était caché, éprouva de mauvais traitemens, et allait devenir victime de la fureur populaire, lorsque le prince des Asturies le sauva en le faisant conduire en prison, et en annonçant qu'il en serait fait bonne et prompte justice. Charles IV. effrayé, abdique la couronne; Ferdinand VII est proclamé roi.

## Conduite de Napoléon à Bayonne.

Les événemens d'Aranjuez renversaient
le plan de Napoléon; il en forma sur-le-
champ un autre. Le général Murat, grand-
duc de Berg, était entré dans Madrid vingt-
quatre heures avant le nouveau roi, à la
tête de quarante mille hommes, et occupait militairement cette capitale. Charles IV
avait protesté contre son abdication; le général et l'ambassadeur français ne reconnaissaient Ferdinand qu'en qualité de prince
des Asturies. Cette situation, compliquée
par le choc des opinions et des intérêts,
agitait vivement les esprits.

Le général français Savary fut envoyé
auprès de Ferdinand, pour lui dire que
Napoléon le reconnaîtrait comme roi d'Espagne et des Indes, s'il était certain que
ses sentimens fussent aussi favorables à la
France que l'avaient été ceux du roi son
père. On fit entendre au prince que, pour
régler cette importante affaire, il fallait
qu'il eût une entrevue avec l'empereur,
qui allait entrer en Espagne, et qui serait
flatté que Ferdinand se portât à sa rencon-

tre. Après en avoir conféré avec les personnes qui jouissaient de sa confiance, le prince se mit en route, s'attendant à chaque instant à voir paraître Napoléon. Arrivé à Vittoria, il tint de nouveau conseil, et le résultat de cette conférence fut qu'il était convenable d'aller jusqu'à Bayonne trouver Napoléon, qui n'avait pas bougé de cette ville. Le peuple, dont le simple bon sens l'emporte quelquefois sur les combinaisons des prétendus hommes d'état, voulut s'opposer à la continuation du voyage ; mais il fut dispersé par la garde française qui accompagnait le prince, et l'on franchit la Bidassoa.

Embrassé et fêté par Napoléon à son arrivée à Bayonne, Ferdinand ne tarde pas à s'apercevoir qu'il n'est plus libre. On lui propose de céder à l'empereur des Français ses droits au trône d'Espagne, et de recevoir l'Etrurie en échange : ses refus obstinés déterminent Napoléon à faire jouer de nouveaux ressorts. Sur son invitation, qui équivalait à des ordres, le roi Charles, la reine son épouse, le prince de la Paix, se rendent auprès de lui. Bientôt toute la famille royale se trouve réunie à Bayonne, excepté le cardinal de Bourbon, archevêque de Tolède.

Ce fut là que le prince de la Paix mit le comble aux torts très-graves que l'on pouvait déjà lui reprocher. Cet homme, qui avait abusé d'une faiblesse que nous nous abstenons de qualifier, pour asservir l'Espagne à son despotisme imprévoyant, étroit et mesquin, qui avait armé le père contre le fils, le fils contre le père, et livré sa patrie à l'étranger, continua de se montrer mauvais citoyen, et servilement dévoué à l'empereur des Français, dont il avait néanmoins personnellement à se plaindre. Conservant toujours, malgré ses fautes multipliées, un ascendant inconcevable sur l'esprit du roi et de la reine, il en profita pour déterminer Charles IV à abdiquer en faveur de Napoléon. Mais il fallait amener Ferdinand à la renonciation de ses droits. Pour y parvenir, Godoï excita le vieux roi et son épouse à exercer, dans toute sa rigueur, leur autorité paternelle. Il y eut des scènes affreuses dans l'intérieur de la famille royale. Charles IV s'emporta contre son fils, et lui adressa les plus sanglans reproches; la reine l'accabla d'injures. Ferdinand se défendait par tous les moyens dont il pouvait user dans sa position difficile. Il se fondait principalement sur ce que l'on ne pouvait décider aucune question importante dans l'intérêt de l'état, sans *l'assentiment des cortès.* Ce langage était judicieux et conforme aux lois fondamentales de la monarchie; mais le prince en tint un bien différent quelques années après. On dit que Napoléon fit menacer Ferdinand de laisser tomber sur lui tout le poids de sa colère, s'il s'obstinait plus long-temps dans ses refus. Ce prince craignit sans doute que sa vie même ne fût pas en sûreté, et il donna enfin son consentement. Il ne fut plus question, dans ce traité, ni de l'Etrurie ni de la Lusitanie; on se borna à stipuler, pour les princes dépossédés, des pensions qui même ne furent pas exactement payées.

Une junte réunie à Bayonne, et qui, par cela seul qu'elle siégeait en pays étranger, ne pouvait pas prétendre à représenter l'Espagne, rédigea une constitution en cent cinquante articles, qu'elle présenta à l'approbation de l'empereur. Napoléon proclama, par un décret, son frère Joseph roi d'Espagne et des Indes. Il reprit ensuite le chemin de Paris, croyant avoir ajouté un royaume à son *grand Empire.* Mais il n'avait fait que préparer une longue effusion de sang, d'immenses désastres à la France, et sa propre ruine.

L'Espagne ne pouvait voir qu'avec chagrin les changemens que l'on venait d'opérer dans son gouvernement, sans l'avoir consultée; il y régnait une grande fermentation. Le deux mai, une insurrection terrible éclata dans Madrid, où s'étaient rendus beaucoup d'habitans des campagnes voisines. On combattit dans toutes les rues de la capitale; le sang coula en abondance et cette journée funeste coûta la vie à un grand nombre de Français et d'Espagnols. Le général Harispe et deux citoyens de la capitale, MM. Azanza et Offaril, eurent la gloire de diminuer le nombre des victimes, en déterminant, par leurs instances, le grand-duc de Berg à faire cesser le feu, et à suspendre la marche des troupes, irritées de ces attaques imprévues, et qui, probablement, n'auraient fait aucun quartier aux vaincus.

La presse asservie en France, ne laissait parvenir à la connaissance du public que ce qui pouvait convenir aux vues du gouvernement. Les intrigues de Bayonne avaient été couvertes d'un voile épais, les résultats seuls avaient été mis à découvert, et les écrivains vendus à la puissance, aussi lâches et vils alors qu'ils le sont aujourd'hui, ne manquaient pas de dire que l'Espagne entière avait demandé un prince de la dynastie nouvelle, et que les troupes françaises y étaient parfaitement accueillies. La catastrophe de Madrid, quoique l'on eût pris soin de la présenter sous un faux point de vue, donna un premier démenti à ces assertions mensongères, et les événemens qui survinrent bientôt après, achevèrent de dessiller les yeux.

*Guerre d'Espagne. — Echec de Baylen.*

Napoléon s'était fait une très-fausse idée de l'état de l'Espagne et du caractère de ses habitans. Il croyait que le peuple, livré aux pratiques d'une dévotion superstitieuse, et dégénéré de sa valeur antique, serait facilement asservi. Il ne tarda pas à reconnaître combien il s'était trompé.

Une nation guerrière, jalouse de son indépendance, sobre, patiente, opiniâtre,
ayant en horreur toute domination étrangère, ne peut être vaincue; il faut l'exter-
miner. Tels sont les Espagnols, depuis
plus de deux mille ans, lorsqu'ils combattent sur le sol national et pour sa défense.
Ils n'aspirent point à remporter d'éclatantes victoires, mais à détruire l'étranger qui
envahit leur territoire. Céder le champ de
bataille n'est point une honte à leurs yeux;
une défaite ne les décourage pas; ils combattent en fuyant; ce sont les Parthes de
l'Europe; mais dans les cités, leur héroïque
résistance est aussi admirable qu'effrayante.
Sarragosse a renouvelé l'exemple de Numance et de Sagonte.

Les Espagnols, trompés d'abord par de
captieuses promesses, espèce de monnaie
dont les gouvernemens ne se montrent jamais avares, crurent que Napoléon ne
voulait que les délivrer de la tyrannique
administration du prince de la Paix. Il avait
d'autres vues. L'enlèvement de la famille
royale devint le signal des hostilités. Le
maréchal Bessières, attaqué par quarante
mille hommes, remporta une victoire chè-

rement achetée ; mais le maréchal Moncey
fut forcé à la retraite par les habitans insurgés du royaume de Valence, et le général Dupont trouva à Baylen de nouvelles
fourches caudines.

Ce terrible échec de Baylen fut suivi de
l'évacuation de Madrid. Le nouveau roi
qui n'y était arrivé que depuis dix jours,
se retira sur l'Ebre avec les débris de la
première armée. Chaque jour amenait de
nouveaux désastres. Un corps de troupes,
commandé par le général Junot, occupait
le Portugal. Les Portugais se soulèvent ;
une escadre anglaise opère un débarquement auquel on néglige d'opposer des forces suffisantes : Junot est forcé de capi-
tuler.

Dix-huit à vingt mille Espagnols, sous
les ordres du marquis de la Romana, et
mis à la disposition de l'empereur par le
prince de la Paix, avaient été envoyés jusque sur les bords de la Baltique. A la nouvelle de ce qui s'était passé à Bayonne, La
Romana parvint à faire embarquer la plus
grande partie de ses troupes sur des vaisseaux anglais, qui les transportèrent dans
la péninsule, où elles servirent efficacement

la cause nationale. Enfin une armée anglo-portugaise entrait en Espagne pour combattre les Français.

*Campagne de Napoléon en Espagne.*

L'empereur se met à la tête d'une nouvelle armée, franchit la Bidassoa, et pénètre dans le pays sans éprouver de résistance, parce que ce n'est point là qu'une invasion rencontre des obstacles sérieux. Burgos fut pris, livré au pillage, et tout le pays dévasté. C'était, indépendamment des droits de l'humanité que l'état de guerre viole si souvent, commettre une double faute ; car on aliénait l'esprit des habitans, et l'on détruisait les ressources qui auraient servi à la subsistance des troupes.

Le passage de la Sommo-Sierra, qui sépare les deux Castilles, et où les Espagnols avaient élevé des retranchemens, fut attaqué avec la plus grande vigueur, et emporté de vive force. Philippe de Ségur, aujourd'hui maréchal-de-camp, fils du comte de Ségur, pair de France, dont le nom est cher aux lettres et à la patrie, se couvrit de gloire à la tête des lanciers et reçut plusieurs blessures. Pendant l'action, l'empereur demeura, exposé au milieu d'un feu terrible de mousqueterie et d'artillerie. Madrid ouvrit ses portes après un siége de trente-six heures.

Pendant que Napoléon s'occupait de l'organisation intérieure du royaume, la guerre s'allumait sur tous les points. Les maréchaux Lefèvre et Victor parcouraient les Asturies en vainqueurs; Sarragosse soutenait un siége. La victoire couronnait nos armes à Reynosa, à Espinosa, à Wals, à Tudela; mais ces succès n'amenaient aucun résultat décisif. L'ennemi que le soldat français avait en tête ne ressemblait pas à celui qu'il avait vaincu avec tant de gloire à Austerlitz, sur les bords de la Sprée, de l'Oder et du Niémen. Souvent défait et dispersé, on le retrouvait toujours. C'était une hydre dont les têtes abattues renaissaient avec une nouvelle vie. Hommes, femmes, enfans, vieillards n'avaient qu'un sentiment et qu'un cri : *haine et mort à l'étranger*. Aucun moyen ne répugnait pour arriver à ce but. Le combat en rase campagne ou dans les lieux fortifiés, soit par l'art, soit par la nature ; l'embuscade, les piéges, la trahison, l'assassinat en guet-à-pens, le poison, tout était employé à la destruction des Français, dont un nombre prodigieux périt loin du champ de bataille. Un auteur moderne l'a dit; il y a du sang africain dans les veines de l'Espagnol. Quand ses passions sont exaltées, il ne se montre pas seulement brave, mais impitoyable et même cruel.

L'Espagne ne ressemble point aux autres pays de l'Europe; elle est coupée par des chaînes de montagnes qui courent dans toutes les directions. L'eau et le bois manquent. Il n'existe qu'un petit nombre de routes qui puissent servir au transport du lourd attirail de nos armées modernes. Les chemins de traverse sont difficiles, et ce n'est pas à un tel pays, où les accidens du terrain offrent tant de moyens pour la défense, que l'on peut faire, dans son acception la moins immorale, l'application de cette maxime que *la guerre doit nourrir la guerre.*

La capitulation de Madrid, qui garantissait la sûreté des personnes et des propriétés ne fut point loyalement exécutée. On déporta trente à quarante chefs des principales familles. M. de Saint-Simon, ancien membre de l'assemblée constituante, et grand d'Espagne, qui avait coopéré à la défense de Madrid, fut condamné à mort *pour faire peur aux autres.* Il obtint ensuite sa grâce à la sollicitation de sa fille et des généraux français. Ces mesures rigoureuses accrurent l'irritation des esprits.

Les Anglais, réunis aux Portugais-Espagnols, marchent sur Salamanque. Napoléon, qui comprend que l'ennemi veut se placer entre lui et la France, manœuvre pour faire échouer son dessein, et le général en chef Moore se détermine à la retraite. L'empereur, qui se félicitait d'avoir enfin à combattre des Anglais, eut un moment la pensée d'entrer en Portugal ; mais les nouvelles qu'il reçut de Paris changèrent ses projets.

L'Autriche, dont les armées avaient essuyé tant de défaites, ne signait des traités de paix que pour les rompre à la première occasion favorable. Lorsqu'elle vit la France engagée dans cette guerre d'Espagne, qui devenait plus sérieuse qu'on ne l'avait cru d'abord, elle voulut profiter de cette circonstance pour recouvrer une partie du territoire qu'elle avait perdu. Le cabinet de Vienne armait sans avoir articulé aucun grief qui lui fût personnel, et Napoléon sentit qu'il n'y avait pas un moment à perdre pour s'opposer à ses desseins. Il quitta l'Espagne en laissant le soin de cette guerre à ses lieutenans.

Avant de rentrer en France, l'empereur des Français eut une entrevue orageuse avec son frère, qui était resté à Burgos. Joseph prétendait que puisqu'on l'avait fait roi d'un grand peuple, il fallait lui accorder la considération et le pouvoir dont il avait besoin pour remplir dignement cette haute fonction. Napoléon, de son côté, voulait que ceux de ses frères qu'il élevait sur des trônes lui fussent soumis comme ses préfets et son conseil-d'état. Les deux monarques se séparèrent assez mal satisfaits l'un de l'autre.

Napoléon remporte d'éclatantes victoires en Allemagne et entre dans Vienne. On chanta à Paris des *Te Deum* dans les églises, et des couplets sur les théâtres. Il perd la bataille d'Essling, et l'empereur d'Autriche fait chanter le *Te Deum* à son tour; car il faut toujours rendre grâce à la divinité d'un côté ou de l'autre, et quelquefois des deux côtés en même temps, quand on a fait tuer des milliers d'hommes.

Des juntes insurrectionnelles étaient organisées sur tous les points de l'Espagne. Celles d'Aragon et de Castille étaient les plus puissantes. Ferdinand, quoique soumis, à Valençai, où il était détenu, à la surveillance la plus rigoureuse, était parvenu à établir une correspondance avec la junte de Castille.

Les journaux de Paris annonçaient des victoires *décisives*, dissimulaient les pertes et trompaient la France sur la véritable situation des affaires; ils étaient soumis à la censure. Il était vrai néanmoins que les armées françaises, dans la Péninsule, avaient obtenu de brillans succès. Le maréchal Soult culbute l'armée anglaise, la repousse jusqu'au port de la Corogne, où elle s'embarque, après avoir fait des pertes énormes. Le général en chef Moore est tué dans la dernière action. Le maréchal Victor gagne la bataille de Medelin; le général Sebastiani celles de Ciudad-Réal et d'Almonacid. Le général, depuis maréchal Suchet, bat les Aragonais et les Anglais, ayant le général Blake à leur tête. Les Espagnols, les Anglais et les Portugais, réunis au nombre de près de cent mille hommes, marchent sur Madrid. Dans la plaine de Santo-Domingo, à quatre lieues de la capitale, ils éprouvent une défaite et se retirent.

Mais ces victoires, très-glorieuses pour les armes françaises, n'étaient rien moins que décisives ; quelque chose que le *Moniteur* pût dire à cet égard, c'était toujours à recommencer. Le moindre village recèle des ennemis, chaque arbre, chaque roche cache un homme en embuscade, qui ajuste comme des bêtes fauves, tous les Français qui passent à sa portée. Partout on est tué, partout on tue ; c'est une guerre d'extermination, à laquelle se mêle le pillage, l'incendie, et tous les autres moyens de destruction que la fureur humaine peut inventer.

Pendant que l'Espagne se couvre de sang et de ruines, le roi Joseph rend des décrets, et fait des proclamations, dans l'une desquelles on lit ce passage, *si l'empereur dit je suis content de vous, nous serons suffisamment récompensés ;* langage bas et servile, indigne d'un homme, dont le front est ceint d'un diadème, et qui se croit appelé à gouverner une nation fière et généreuse.

Le siége de Sarragosse doit attirer un moment notre attention. Cinquante mille hommes armés défendaient cette ville, qui n'avait point de fortifications, et dans laquelle s'étaient renfermés une foule d'habitans des campagnes environnantes ; nous ne donnerons qu'un aperçu très-succint, de ce siége trop mémorable, dont les détails font frémir d'horreur. Après avoir emporté les faubourgs, il fallut diriger des attaques particulières contre chaque rue, chaque quartier, et contre chaque maison ; les bombes écrasent les édifices, le feu les détruit, le boulet les renverse. On se bat au rez-de-chaussée, au premier, au second étage, et jusques dans les entrailles de la terre, où l'on ouvre des mines et contre-mines. Jamais la fureur des combats n'a été portée plus loin. Jamais il n'y eut de résistance plus désespérée et plus opiniâtre. Enfin, les assiégeans demeurèrent victorieux ; vingt-cinq mille Espagnols avaient péri les armes à la main, treize mille étaient entassés dans les hôpitaux ; beaucoup d'autres étaient morts de maladie et de besoin ; on ne dit pas combien il en avait coûté à l'armée française pour s'emparer de ce mon-

ceau de décombres. Détournons les yeux
de cette scène de désolation et de carnage.

L'inquisition avait été abolie par un décret de Napoléon. Le considérant de ce décret est curieux, et peint bien le caractère
de l'homme qui l'avait rendu.

Qui ne croirait que l'on va reprocher
avec une véhémente énergie à cette horrible institution, sa perfidie, son avarice,
sa cruauté, son infâme complaisance à accueillir les dénonciations, les tortures
qu'elle fait subir aux accusés, les piéges
dont elle les environne, le secret de ses
procédures, la violation de toutes les formes protectrices de l'innocence? Rien de
tout cela. L'inquisition est détruite, parce qu'elle est *attentatoire aux droits du monarque.* Ce grief était fondé ; car, souvent
l'inquisition avait attaqué les délégués du
prince, et persécuté avec une audace inouie,
ceux qui osaient lui résister dans l'intérêt
des citoyens, ou de l'autorité royale. Mais
que Bonaparte n'ait pas aperçu d'autre motif de supprimer ce tribunal de sang, voilà
ce qui est vraiment digne de remarque!
Sans doute, il n'y avait de sacré à ses yeux,
que le pouvoir du prince.

Soumis apparemment à l'influence du cabinet des Tuileries, Joseph détruisait successivement toutes les institutions du pays que son frère lui avait donné à gouverner ; il supprime les droits seigneuriaux, les dîmes, les anciens ordres de chevalerie ; annulle des titres de noblesse, en crée d'autres, ordonne la vente des domaines nationaux ; toutes choses bonnes peut-être en elles-mêmes, mais qui demandaient de la prudence et de sages gradations. D'ailleurs, il était presque ridicule de prescrire des mesures qu'on ne pouvait alors faire exécuter. Enfin, et ces innovations, qui attaquaient autrefois des droits ou des abus consacrés par le temps, devaient, pour être durables et légitimes, être concertées avec la nation, représentée par des députés de son choix.

Il n'entre pas dans le plan d'un simple résumé, de donner le triste et monotone détail de ces trop nombreux combats, où les Français ont recueilli une ample moisson de gloire, aussi inutile à eux-mêmes, qu'à leur patrie, où beaucoup de brillans faits d'armes sont demeurés ignorés, où les moins contestés n'obtenaient souvent aucune récompense. L'homme qui avait allumé ce vaste incendie, semblait vouloir l'éteindre dans le sang des malheureux Espagnols, qu'il traitait de *rebelles*, parce qu'ils défendaient leur liberté. Je veux rendre ce peuple heureux, disait-il, en lui donnant pour le gouverner, un prince de ma famille, et en le délivrant de la dîme et des droits féodaux; que prétend-il donc de plus? Que vous ne vous mêliez pas de nos affaires, répondaient les Espagnols. Et cette réponse judicieuse, à laquelle on ne peut rien opposer de raisonnable, ils la feront toujours, à quiconque entreprendra de les rendre heureux à sa guise, et non pas à la leur.

Cependant les troupes françaises étaient parvenues à occuper successivement presque toute l'Espagne, mais ils ne l'avaient pas soumise. L'insurrrection étouffée sur un point, renaissait ailleurs. Les journaux français continuaient de tromper l'opinion publique, et il leur échappait quelquefois des naïvetés d'un ridicule admirable. Ainsi, le *Moniteur* annonce que la junte centrale a organisé une bande de brigands, de contrebandiers de voleurs, au nombre de cent hommes environ, et qui parcourent l'Andalousie;

que la division Sébastiani s'est mise en mouvement pour les aller combattre, que le roi lui-même, préside à cette expédition, et ils sont à peine un cent ! quelle pitié !

La junte de Séville se fit remarquer par l'excessive rigueur des mesures qu'elle prit pour défendre le territoire. Elle ordonna de brûler tous les villages qui n'opposeraient point de résistance à l'ennemi ; elle institua des corsaires ou pirates de terre, chargés, non pas de combattre les Français, mais de les tuer.

De son côté, le roi Joseph ordonnait que les familles qui avaient quelques-uns de leurs membres parmi les insurgés, fourniraient autant d'hommes à l'armée royale, ou paieraient une somme déterminée au trésor, disposition injuste et cruelle, qui augmenta le mécontentement, et qui semblait imitée des odieuses vexations auxquelles étaient exposés en France, les parens des conscrits réfractaires.

Avant d'entamer le récit d'une expédition importante, qui fut confiée au maréchal Masséna, nous rappellerons deux faits qui se rattachent au sujet qui nous occupe.

Les habitans de Sarragosse ont une grande dévotion à la madone del Pilar. Néanmoins, s'imaginant sans doute qu'ils doivent faire quelque sacrifice pour se ménager la bienveillance du maréchal Mortier, ils dépouillent la madone de ses ornemens et de ses bijoux, et envoient le tout à cet officier général. Le maréchal refuse le présent et le renvoie aux habitans de Sarragosse, qui sont enchantés; mais leur joie ne fut pas de longue durée. Au milieu de la nuit, un autre maréchal, qui depuis, a trouvé la mort dans les combats, se met à la tête d'un régiment polonais, fait enfoncer les portes de l'église, et s'empare du trésor, noblement restitué par son frère d'armes.

A la prise de Grenade, le général Soult trouva, au nombre des troupes de la garnison ennemie, un bataillon suisse du corps d'armée de Dupont, fait prisonnier à Baylen. Ce bataillon avait combattu sous les drapeaux des Français qui le payaient; maintenant il se battait contre eux pour de l'argent. Quelle dégradation de la profession des armes, si honorable quand elle a pour objet la défense de la patrie!

Lord Wellington, qui depuis a acquis une célébrité peut-être exagérée, venait de prendre le commandement de l'armée anglaise; toutes les forces du Portugal étaient également à sa disposition. L'appui que prêtait ce général aux insurgés espagnols, offrait un des plus grands obstacles à la pacification du pays : l'empereur résolut de le détruire. Il donna des ordres pour réunir une armée nombreuse ; sa force a été évaluée à quatre-vingt mille hommes. Le commandement en fut confié à Masséna, dont le nom était presque synonyme de victoire.

Les Français entrent en Portugal, et Wellington se retire à leur approche. Mais il dévaste le pays, et l'armée envahissante est soumise aux plus dures privations. Les fatigues et le défaut de subsistances l'affaiblissent ; cependant elle demeure victorieuse dans quelques combats. Enfin elle arrive sous les murs de Lisbonne. Là, elle trouve l'ennemi enfermé dans des retranchemens formidables, hérissés d'artillerie, où il y a tout en abondance, tandis que les Français manquent des choses les plus indispensables. Malgré toute l'habileté du chef et la bravoure des soldats, l'expédition était manquée. Quelques jours passés dans cette situation accroissent les besoins; il faut commencer une retraite longue et pénible. L'ennemi harcèle l'arrière-garde, et il est plusieurs fois repoussé. Arrivé sur les frontières d'Espagne, Masséna s'arrête près de Ciudad-Rodrigo. Wellington l'attaque après avoir réuni toutes ses forces, augmentées de quelques corps espagnols. Cette journée sanglante n'amène aucun résultat remarquable, mais les Français laissent un grand nombre de morts sur le champ de bataille. Masséna est remplacé par le maréchal Marmont.

Après la bataille de Ciudad-Rodrigo, lord Wellington s'avance jusqu'à Salamanque; Marmont se détermine à combattre. Ses dispositions étaient bien prises, et tout annonçait que la victoire resterait aux Français; mais, au plus fort de l'action, le général en chef a le bras droit fracassé. Cet événement change le sort du combat. La retraite se fait en bon ordre, et le général Clausel prend le commandement provisoire de l'armée.

Dans un des rapports du maréchal Marmont au ministre de la guerre, et qu'il avait signé de sa main gauche, on lit cette phrase remarquable : *En prenant le parti d'évacuer, le général Bonnet prétend qu'en Espagne il est facile d'occuper une province, mais qu'il est difficile d'en sortir quand l'ennemi veut s'y opposer.* Cette observation d'un officier-général qui faisait la guerre depuis vingt ans, mérite d'être méditée quand des circonstances semblables se représentent.

1812 La situation des affaires devenait très-critique dans la péninsule ; mais les armées françaises, malgré leurs revers, continuaient à se couvrir de gloire ; la division commandée par le général Foy se distingua surtout de la manière la plus brillante dans la journée du 21 juillet. Les Anglais eux-mêmes, plus justes et plus généreux que le gouvernement impérial, qui gardait sur tant de brillans faits d'armes un silence outrageant, donnent, dans leurs papiers publics de cette époque de grands éloges à nos guerriers.

Le roi Joseph est forcé de quitter la capitale dont l'ennemi prend possession. On lève le siège de Cadix qui avait duré trois ans. Les maladies, les assassinats, le poison, augmentent les pertes que l'armée française éprouve dans les combats.

Cependant le général Souham remplace le duc de Raguse; les divers corps français combinent un mouvement, et lord Wellington est chassé de Madrid, dernier succès véritablement remarquable qui ait été obtenu dans cette guerre cruelle qui a couvert l'Espagne et le Portugal de ruines. Dans une grande partie de ces deux royaumes, les campagnes étaient incultes, les villages réduits en cendres, les villes détruites.

Sarragosse, ville ouverte, avait résisté pendant cinquante huit jours. Badajoz, Ciudud-Rodrigo, Séville, Grenade, Almeida et d'autres places moins importantes avaient soutenu des siéges plus ou moins meurtriers. Les Français, en se retirant, firent sauter leurs fortifications, emmenèrent ou détruisirent un matériel immense. Valence ne s'était rendu qu'après avoir été bombardé et brûlé. Tarragone avait repoussé quatre assauts. Au cinquième, les Français pénétrèrent dans

la place, où ils passèrent au fil de l'épée,
une partie de la garnison et des habitans.
Ni le sexe ni l'âge ne furent épargnés. Cet
épouvantable massacre dura quatre heures.
Le soldat ne s'arrêta que quand il fut las
de tuer. Ce n'était, hélas! que de tristes
et cruelles représailles. Les Espagnols faisaient aux Français une guerre à mort. Ils
égorgeaient les prisonniers et les blessés;
les femmes leur arrachaient les yeux, leur
coupaient le nez, leur ouvraient le ventre
qu'elles remplissaient de cailloux, et les
faisaient expirer au milieu des plus horribles tourmens.

A l'époque où nous sommes parvenus,
l'Espagne abandonnée en quelque sorte à
elle-même, cesse d'attirer l'attention. D'autres scènes se préparent qui occupent vivement les esprits. Napoléon entreprend
sa funeste guerre de Russie. Quatre cent
mille hommes marchent sous ses ordres;
il obtient d'abord de brillans succès. Mais
il ne sait point s'arrêter à propos sur les
dernières limites de la Pologne, pour recommencer l'année suivante une campagne
qui aurait été décisive. Cette impardon-
nable faute amène les plus effroyables dé-

sastres. Les Français arrivent à Moscou, et les autorités russes y font mettre le feu. L'empereur se laisse tromper par d'insidieuses propositions de paix, et commence la retraite vingt jours trop tard. La rigueur du climat détruit une des plus belles armées qui aient jamais marché sous le commandement d'un seul homme. Ses débris sont ramenés jusque dans la Saxe.

La campagne de 1813 s'ouvre par les deux victoires de Lutzen et de Bautzen. Un 1813 congrès se réunit à Prague. On offre à Napoléon de concéder à la France les limites du Rhin. Il rejette follement ces conditions, qui lui laissaient encore à gouverner le plus beau royaume de l'Europe. La bataille de Leipsick est perdue, et trois mois après l'ennemi pénètre en France. Alors on ap- 1814 prend que la principale armée française en Espagne, commandée par le maréchal Soult, a repassé les Pyrénées, et qu'elle forme un camp retranché devant Bayonne. On la croyait encore à Madrid; on n'avait pas même entendu parler de la bataille de Vittoria, où les Français avaient perdu presque toute leur artillerie et tous leurs bagages.

### Retour de Ferdinand en Espagne.

Le prince des Asturies était retenu depuis plusieurs années à Valençai, avec les infans don Carlos et don Francisque, ses frères, et son oncle l'infant don Antonio. Napoléon, qui voyait fondre sur lui les armées de l'Europe entière, et qui n'avait plus un seul soldat en Espagne, remit ces princes en liberté.

Le roi Charles IV vivait encore. Il avait protesté contre l'abdication que la révolte d'Aranjuez, en 1808, lui avait arrachée en faveur de son fils. Dans cet état de choses, au moment où cessait l'oppression de l'empereur des Français, Charles IV rentrait dans tous ses droits au trône. Une renonciation libre pouvait seule les conférer à Ferdinand. Ces considérations, qui nous paraissent judicieuses, n'empêchèrent point le prince des Asturies, rentrant en Espagne, de prendre le titre de roi et d'en exercer l'autorité.

Les cortès réunies à Cadix avaient rédigé une constitution qui était alors en vigueur dans toute l'Espagne. Les puissances coalisées contre la France, et l'empereur de Russie en particulier, avaient expressément reconnu cette forme de gouvernement.

Ferdinand débute par opérer une révolution. Il déclare que son intention est de rétablir l'ordre de choses qui existait avant 1808, et des conseillers aveugles ou pervers le poussent dans les voies périlleuses du despotisme. L'inquisition est remise en vigueur et les jésuites sont rappelés.

Les Espagnols qui avaient combattu pour l'indépendance, et ils étaient extrêmement nombreux, ne s'attendaient pas que, pour prix de leur sang versé sur les champs de bataille et des efforts héroïques qui avaient sauvé la monarchie, on leur ravirait la liberté politique et civile. Il fallait donc s'attendre à des mécontentemens et à des résistances : on ne tarda pas à recueillir les fruits d'une conduite marquée au coin de l'imprévoyance et de l'injustice.

Les complaisans du pouvoir absolu ne connaissent d'autre moyen de gouverner que la violence et la force. Ils s'irritent des plaintes; les représentations les plus modérées excitent leur courroux. C'est en

établissant un systéme de terreur générale.
qu'ils veulent surmonter tous les obstacles.
Bientôt les cachots de l'inquisition se remplissent de victimes, et le sang coule sur les
échafauds.

Le ministère espagnol, qui avait tant de
ruines à relever autour de lui, tant de
plaies à cicatriser dans la péninsule, forme
le vain projet de soumettre, par la force des
armes, les colonies de l'Amérique qui s'é-
taient insurgées. Peut-être, à cette époque,
de sages concessions auraient rallié à la
métropole ces possessions précieuses, qui
sont maintenant perdues pour elle ; mais
comment les hommes qui faisaient alors
peser un joug de fer sur la malheureuse
Espagne, auraient-ils appliqué des moyens
de conciliation à ces contrées lointaines ?

La nation était inquiète et mécontente :
les troupes témoignaient de l'éloignement
pour une expédition au-delà des mers.
Quelques régimens refusent d'obéir ; on
les désarme.

1815 On réunit une armée près de Cadix ; elle
est destinée à soumettre les insurgés du
Venezuela dans le golfe du Mexique. Le
commandement en est donné à Morillo,

homme présomptueux, sans talent remarquable, mais prodigue de son sang et de
celui du soldat. On prévit qu'il ferait une
guerre cruelle ; l'événement a prouvé que
cette conjecture était fondée.

A peine échappés aux horreurs d'un long
siége, les principaux habitans de Cadix
voyaient avec chagrin que toutes les libertés publiques étaient violées. Ils forment,
pour les recouvrer, une association secrète.
On propose à Morillo d'en faire partie ; il
montre des dispositions favorables ; l'armée
qu'il commande sera employée à ce grand
œuvre ; mais les prêtres semblent soupçonner ses principes religieux ; le général
qui affronterait un feu de mitraille, a peur
de l'inquisition. Il fait une espèce d'amen-
de honorable en suivant, avec tout son
état-major, une procession un cierge à la
main. Les membres de l'association patrio-
tique entrent en défiance, et s'éloignent de
Morillo, qui met à la voile avec les troupes soumises à ses ordres.

Bientôt l'association s'étend dans toute
l'Espagne. Les personnages les plus recommandables en font partie : magistrats, militaires, capitaines-généraux des provinces,

nobles, plébéiens augmentent le nombre
des initiés. Partout où se trouvent de l'aisance et des lumières, la liberté compte de
chauds partisans. Une insurrection à la
tête de laquelle étaient les généraux Porlier et Lascy, devait éclater dans la Galice,
les Castilles, la Catalogne, le royaume de
Valence, lorsqu'on apprit le débarquement
de Bonaparte dans la rade de Cannes. Tout
fut suspendu, parce que l'on voulut éviter
les rapprochemens que ferait naître une
pareille coïncidence.

Après la bataille de Mont-Saint-Jean,
Porlier fait soulever les habitans de la Galice; mais une partie des troupes hésite;
l'archevêque de Sant - Iago les rallie
à la cause royale. Porlier et plusieurs
de ses amis sont condamnés à mort et exécutés.

Lascy, brave guerrier, qui s'était distingué dans la guerre contre les Français,
avait encouru la disgrâce du gouvernement
pour avoir fait entendre avec franchise le
langage de l'humanité et de la saine politique. Il était en butte à d'odieuses persécutions. Dans l'espérance de dessiller les
yeux du monarque, dont les ministres op-

primaient l'Espagne, il essaie de faire soulever la Catalogne ; mais son plan ne reçoit qu'un commencement d'exécution. Il est arrêté, condamné à mort et conduit dans l'île de Majorque pour être fusillé. On n'avait pas osé mettre le jugement à exécution en Catalogne. Le général Milans, compromis dans cette affaire, s'échappe au travers des montagnes, emportant ses deux jeunes enfans dans ses bras, et s'embarque pour Gibraltar.

L'archevêque de Grenade parvient à découvrir les archives de la société directrice ; on y trouve ample matière à dresser des listes de proscription. Le capitaine-général, comte de Montijo, est exilé. Une foule d'officiers, d'administrateurs, d'ecclésiastiques et d'autres personnes tenant aux classes éclairées de la société, sont jetées dans des cachots où elles restent jusqu'en 1820. La persécution prend alors un degré de violence qui attriste et épouvante. Parmi les plus ardens à déployer toutes les rigueurs du pouvoir, on distingue le général Elio, capitaine-général du royaume de Valence. Nouveau duc d'Albe, il dispose, selon ses caprices, de la vie et de la liberté des citoyens; il semble s'enorgueillir du nombre de ses victimes. Un complot se forme pour délivrer la terre de cet homme altéré de sang. Il saisit les conjurés, en tue un de sa propre main, et fait exécuter les autres. Arrêté après 1820, il a été, à la suite d'une longue détention, condamné au supplice de la *garotte*.

1816    On a déploré le sort funéste de ce *fidèle serviteur de son roi*. Pourquoi ces continuelles confusions d'idées qui faussent le jugement ? On sert le roi, c'est-à-dire la patrie, quand on remplit les fonctions que le monarque confie comme chef de l'état. Mais les droits de l'humanité et les règles de la justice ne doivent jamais souffrir aucune atteinte. On ne sert pas mieux le roi que la chose publique en commettant des violences, des actes arbitraires et des cruautés. Elio défendait la cause de la monarchie espagnole, comme Carrier et Joseph Lebon avaient défendu celle de la république française.

On doit croire que Ferdinand était trompé par ses ministres; cependant la vérité arrivait quelquefois jusqu'à lui. Un capitaine ayant été arrêté, déclara constam-

ment qu'il ne s'expliquerait qu'en présence
du roi. Amené devant Sa Majesté Catholique, il lui parla avec le plus grand respect,
ne sollicita point sa grâce, mais fit un tableau énergique de la triste situation à laquelle l'Espagne était réduite, et conjura
le monarque de s'arrêter sur le bord de l'a-
bîme, où il était près de tomber. Ferdinand paraît surpris et touché; il ordonne
que le prisonnier soit bien traité, et lui envoie même une caisse de cigarres de la Ha-
vane, réservée pour son propre usage. On
croit peut-être que le capitaine va être mis
en liberté. Des ordres sont donnés, au contraire, pour hâter son jugement; et sans
doute il aurait péri, si une jeune fille, au
service du concierge, aidée par quelques
personnes qu'elle avait mises dans l'intérêt
du prisonnier, n'était parvenue à ménager
son évasion. Il est aujourd'hui colonel au
service de Russie.

Le roi d'Espagne veut nommer ministre
de grâce et de justice l'évêque Gueypo,
homme de mœurs pures et d'une rare intégrité. J'y consens, répond le vénérable
prélat, si votre majesté veut pardonner
tous les délits politiques, et promulguer la

constitution des cortès. On comprend sans peine que la condition ne fut pas acceptée.

L'inquisition a la hardiesse de citer Gueypo à son tribunal. L'évêque décline la juridiction. Les agens du saint-office paraissent décidés à l'arrêter. Il déclare qu'il ne cédera qu'à la violence et se couche à terre. On l'enlève et on le dépose dans une prison. Cette particularité rappelle une scène récente, plus scandaleuse encore, mais qui a beaucoup d'analogie avec la première. L'évêque Gueypo fut remis en liberté. La piété douce et tolérante de ce digne ministre d'un Dieu de paix, sa modestie, sa pauvreté étaient une critique amère des dispositions et de la conduite de la plupart des hommes qui entouraient le monarque.

Le ministre de Russie, comte Tatischeff, exerçait une grande influence sur l'esprit du roi. Il lui présenta son confident Ugarte, ancien porte-faix, qui, par ses flatteries et ses basses complaisances, parvint à gagner les bonnes grâces de Ferdinand. Cet homme dressait les listes sur lesquelles étaient inscrits ceux que l'on soupçonnait d'attachement aux formes constitutionnelles. Il a été un instrument très-actif de persécutions.

Ugarté parvint à se faire donner la charge de régler les dépenses des armemens maritimes. C'était une mine très-riche à exploiter. L'expédition conduite par Morillo avait essuyé des revers. On songea à en préparer une autre, dont le commandement fut confié au général O'Donnel, depuis comte de l'Abisbal. Le gouvernement espagnol ne se lassait pas de jeter des hommes et de l'argent dans le gouffre sans fond de la guerre d'Amérique.

La faction des serviles adorateurs du pouvoir absolu, accordait une aveugle confiance au général O'Donnell. Les hommes du parti opposé se souvenaient qu'O'Donnell avait combattu avec beaucoup de distinction pour la cause de l'indépendance, et ils espéraient le trouver disposé à seconder leurs projets. Des propositions lui furent faites; il parut les accueillir avec chaleur, ainsi que le général Sarsfield qui commandait la seconde division de l'armée. L'esprit des troupes promettait une exécution facile.

O'Donnell réunit pendant la nuit les troupes qui étaient à Cadix, et promit de faire promulguer la constitution de 1812.

Il sort aussitôt de la ville, pour aller re-
joindre d'autres régimens qui étaient ras-
semblés au dehors. Cette démarche cause
de l'inquiétude; elle était fondée. Bientôt
on voit paraître le général Sarsfield à la
tête de la cavalerie, qui s'avance aux cris
de *vive le roi!* O'Donnell ordonne aux autres troupes de répéter le même cri; il fait
appeler les chefs des corps, et leur déclare
qu'ils sont prisonniers. Beaucoup d'officiers
d'un grade inférieur sont arrêtés, ainsi que
d'autres personnes qui n'appartenaient
point à l'armée.

*Révolution espagnole.*

Après cet événement, qui semblait avoir
étouffé les germes d'insurrection, la fièvre
jaune se déclara dans Cadix, où elle exerça
ses ravages pendant trois mois. Il n'était
pas possible, dans de telles circonstances,
de continuer les préparatifs de l'expédition
d'outre-mer. On fit sortir les troupes de
Cadix, et plusieurs corps se trouvèrent
réunis auprès d'Alcala de los Gazulès.

Une nouvelle conjuration se forma, et
un grand nombre d'officiers y prirent part.
Le colonel Quiroga fut désigné comme

chef de l'entreprise, mais il était détenu à
Cadix. En son absence, Riego, commandant en second du bataillon des Asturies,
résolut de commencer le mouvement. Deux
autres bataillons se réunirent au sien, et ce
fut en présence de cette faible troupe qu'il
proclama, le 1er janvier, la constitution 1820
des cortès. Les soldats firent entendre de
vives acclamations, et, la nuit suivante,
il se mit à leur tête pour aller arrêter le
général en chef et son état-major, qui
étaient à quelques lieues de là.

Dans le même temps Quiroga, qu'on
avait fait évader de sa prison, se rendait
maître, avec deux autres bataillons qu'il
avait déterminés à le suivre, de la ville de
San-Fernando, connue également sous le
nom d'île de Léon. Ce chef s'était attendu
que la ville de Cadix, où se trouvaient un
grand nombre d'amis de la liberté, allait
lui ouvrir ses portes ; mais le général Campana, qui commandait dans la place, avait
eu le temps de se mettre sur la défensive.
Il avait fait hérisser de canons les remparts
de la ville et les postes avancés, et toute
espérance paraissait perdue de ce côté.

Riégo était venu joindre Quiroga, après avoir établi à Xérès, et partout où il avait passé, des alcades constitutionnels. Leurs forces réunies pouvaient s'élever à quatre mille cinq cents hommes. Cependant leur position devenait embarrassante; tout prenait autour d'eux un aspect hostile et menaçant. Aucune autre troupe, quelques pussent être leurs dispositions secrètes, ne se déclarait en leur faveur. Cernés en quelque sorte dans l'île de Léon, le seul défaut d'approvisionnement pouvait faire échouer l'entreprise. Pour parer à cet inconvénient, et inspirer en même temps de la confiance au soldat, le commandant en chef des troupes insurgées forma le projet de s'emparer de l'arsenal de Caraca et des magasins de toute espèce qui s'y trouvaient renfermés. Cet établissement était défendu par quatre cents hommes, qui furent surpris et n'opposèrent aucune résistance. Le succès de cette expédition lui fournit des munitions de guerre et de bouche, extrêmement précieuses dans la situation où il se trouvait.

Les deux chefs concertèrent ensuite un autre plan. Riégo, l'un d'eux, sortit de l'île de Léon à la tête de quinze cents hommes, pour parcourir les contrées environnantes, et essayer de déterminer la population à se déclarer pour la cause des libertés publiques. Cette expédition est l'une des plus singulières dont l'histoire ait gardé le souvenir.

Riégo, avec sa colonne, parcourt successivement les villes d'Algésiras, Vejer, Malaga, Antequerra, Ronda, Grazelema, Puerto-Serrano, Aguilar et Cordoue; partout les habitans l'accueillent avec bienveillance, lui fournissent des vivres et de l'argent, lui donnent des fêtes; mais ils n'osent pas encore se prononcer pour la cause dont les insurgés ont embrassé la défense.

Cependant plusieurs corps de troupes royales se mettent à la poursuite de Riégo, ou cherchent à lui fermer le passage. Tantôt il les combat, tantôt il manœuvre pour éviter leur rencontre. Les attaques de vive force et la désertion affaiblissent sa petite troupe. Enfin, le quarante-troisième jour après sa sortie de San-Fernando, arrivée au village de Benevieda, elle se trouve réduite à cent cinquante hommes environ.

15

Enveloppés de tous côtés, ils s'embrassent, se séparent, pour essayer d'échapper isolément aux forces qui les entourent.

Le ministère avait réuni un corps d'armée sous les ordres du général Freyre, pour soumettre les insurgés. Enfermé dans l'île de Léon avec trois mille hommes, n'entendant point parler de Riégo ni de sa colonne mobile, Quiroga se met en état de défense. La garnison de Cadix et l'armée du général Freyre étaient plus que suffisantes pour le réduire; mais les opérations marchaient lentement, parce que les généraux royalistes ne se fiaient pas entièrement aux troupes qu'ils commandaient. Pendant ces hésitations et ces tâtonnemens, les Asturies, la Galice, l'Aragon et plusieurs autres provinces se soulèvent. Mal informés encore du véritable état des choses, mais craignant sans doute de ne pas réussir dans une attaque franche et loyale, les généraux Freyre et Campana méditent un de ces attentats horribles, qu'il faut vouer à l'exécration de la postérité et des contemporains, parce que la plus lâche perfidie se trouve jointe à la plus effroyable cruauté.

Le général Freyre, feignant de céder au

vœu public, annonce que la constitution sera proclamée dans la journée du 10 mars. La population de Cadix reçoit cette nouvelle avec des transports de joie. Au jour indiqué, une foule immense se répand dans les rues et sur les places publiques; des députés de l'île de Léon viennent demander que l'armée *nationale* soit admise à cette imposante cérémonie; Freyre les reçoit avec embarras et froideur. Tout à coup de bruyans cris de *vive le roi!* se font entendre. Une multitude de soldats, dont l'ivresse a troublé la raison, s'élance hors des casernes, fait feu sur le peuple confiant et désarmé, mutile, égorge tous les malheureux qui se trouvent exposés à ses coups. Le massacre dure trois heures, et, pendant le reste de la journée, répandus dans tous les quartiers de la ville, ils pillent, volent, rançonnent les habitans, et commettent encore des assassinats. Le lendemain, Campana les félicite du service important qu'ils ont rendu à leur roi. Quelle idée, grand Dieu! veulent-ils donc que l'on se forme des monarques, ceux qui prétendent qu'on les sert par de pareils forfaits? Trois ans se sont écoulés, et ce grand crime est encore impuni. Les députés de l'île de Léon s'étaient cachés pendant le massacre; ils furent arrêtés et remis en liberté quelque jours après, lorsqu'on sut ce qui s'était passé à Madrid.

Le mouvement insurrectionnel était devenu presque général; le despotisme et les excessives rigueurs du gouvernement y avaient préparé les esprits. Prétendre que trois à quatre mille hommes, cantonnés sur quelques lieues carrées, à l'une des extrémités de l'Espagne, ont produit cette grande révolution, c'est tomber dans une erreur grossière. A la Corogne, ce fut le peuple qui se prononça le premier en faveur de la constitution; à la vérité, les troupes se joignirent à lui sur-le-champ. Il n'y eut pas une seule goutte de sang de versé. Le Férol suivit l'exemple de la Corogne, et ce fut encore le peuple qui commença le mouvement. Ces deux villes sont à deux cents lieues de l'île de Léon. Dans la Galice, les partisans du régime constitutionnel éprouvèrent quelques résistance, mais elle fut très-faible; seulement elle coûta la vie au général Albecedo, homme de mérite, qui, blessé à mort, dit à ses soldats : « En avant, mes enfans ; ne vous occupez pas de moi, vive la liberté! »

On a vu que le comte de l'Abisbal avait fait arrêter à Cadix, dans l'armée qui était alors sous ses ordres, un grand nombre d'officiers soupçonnés ou convaincus d'être entrés dans un complot, dont l'objet était de faire promulguer la constitution de 1812. La cour l'avait comblé d'honneurs et d'éloges ; mais le commandement de l'armée expéditionnaire lui avait été retiré. Depuis cette époque, le général O'Donnell vivait dans un isolement absolu. Il semblait ne plus inspirer de confiance à aucun parti.

La faction anti-nationale, qui entourait et obsédait le monarque, était aussi stérile en talens que prodigue de mesures violentes. Voulant réunir une armée pour couvrir Madrid, le ministère en donna le commandement au comte de l'Abisbal. Parmi les hommes que le parti regardait peut-être comme les plus dévoués, il ne s'en trouvait aucun dont la capacité fût assez généralement reconnue pour qu'on osât lui confier une importante mission.

On ne connaît pas encore les véritables motifs qui avaient dirigé la conduite du général O'Donell, lorsqu'il fit arrêter un grand nombre d'officiers de l'armée réunie sous ses ordres, près de Cadix; mais, dans la circonstance qui nous occupe, il suivit une marche tout-à-fait différente. Convaincu sans doute qu'au point où les choses étaient alors parvenues, on ne pouvait plus, en s'opposant au vœu public qui se manifestait avec tant d'éclat, que produire des déchiremens funestes et inutiles au maintien de l'autorité royale telle qu'on l'avait imprudemment établie; le comte de l'Abisbal s'applique à gagner les troupes qu'il commande, et il obtient un succès presque complet. Aidé de son frère Alexandre O'Donnell, et à la tête du régiment *Impérial-Alexandre*, il proclame la constitution de 1812 à Ocagna, et fait reconnaître la junte de Galice. La même cérémonie est répétée à Santa-Cruz-de-Mudela. Les habitans et les troupes se prononcent; cet événement acheva la révolution. Nous racontons les faits, nous ne nous établissons point juges de la conduite du comte de l'Abisbal.

L'insurrection de l'armée de la Manche, qui interceptait les communications avec celle d'Andalousie, consterna le ministère, qui conseilla au roi de se soumettre au régime constitutionnel. Le général Ballesteros venait de déclarer qu'il ne fallait plus compter sur les troupes qui formaient la garnison de la capitale; tout espoir de résistance était donc perdu. Ferdinand, néanmoins, ne croyait pas encore que le danger fût aussi pressant. Il cherche à gagner du temps, et promet, le 7 mars, de prêter serment à la constitution, le 19 du même mois. Mais la fermentation des esprits croissait d'heure en heure, et le roi fait annoncer le lendemain, dans la gazette de la cour, qu'il est décidé à reconnaître immédiatement la constitution des cortès, comme loi fondamentale de la monarchie. Une grande foule de peuple se porte à l'Hôtel-de-ville, et réclame la prompte organisation d'un corps muncipal, dont les membres sont nommés sur-le-champ. De là, elle se rend dans le plus grand ordre au palais du monarque, qui, quelques instans après, paraît sur un balcon, tenant à la main l'acte constitutionnel, déclare solennellement qu'il l'accepte, ratifie les choix qui viennent d'être faits, et annonce qu'il

va ordonner la mise en liberté de toutes
les personnes détenues pour opinions ou
délits politiques. Pressé par les plus vives
instances, Ferdinand promet, en attendant la réunion des cortès, de prêter
provisoirement serment, entre les mains
de la junte suprême du gouvernement qui
va être formé. Les prisons de l'inquisition
sont ouvertes; un décret royal abolit ce
terrible tribunal, que le respectable évêque Queypo, dont nous avons déjà parlé,
traitait hautement, lorsqu'il était encore
tout puissant, d'institution barbare, contraire à la raison, à l'humanité, et en opposition directe avec l'esprit de l'évangile.

La révolution était consommée presque sans effusion de sang, si l'on en excepte
l'horrible massacre de Cadix, dont le blâme
et la honte retombent sur le parti opposé.
Jamais changement aussi fondamental n'a-
vait été accompagné de moins d'excès.
C'est une justice qu'a rendue, en plein parlement, à la nation espagnole, le ministre
anglais, lord Liverpool, dont on sait très-
bien que les idées en politiques sont loin
d'être favorables à la démocratie. La chute

du pouvoir absolu ne devait, en effet, causer aucune secousse fâcheuse, parce qu'elle était ardemment et universellement désirée, quelles que fussent d'ailleurs les opinions individuelles, sur le plus ou moins de perfection du régime qu'on lui substituait. Ce sont les résistances intempestives d'une minorité opiniâtre et turbulente qui produisent les déchiremens que l'on impute ensuite au nouvel ordre de choses. Des ambitieux et des intrigans qui spéculent sur les troubles publics et l'ignorance de la multitude des hommes blessés dans leurs intérêts et dans leur orgueil, qui ne savent faire aucun sacrifice à la paix publique, voilà de quoi se composent ces oppositions, qui suppléent au nombre par le bruit, et attirent sans scrupule, ni remords, sur la patrie, le fléau de la guerre civile et étrangère. Ceux qui forment ces oppositions funestes, se déclarent les champions des institutions antiques, pour conserver les anciens abus, dont ils profitent.

Avec plus de modération d'un côté, et plus de franchise de l'autre, les nouvelles formes de gouvernement pouvaient aisément s'établir; elles auraient reçu du temps et de l'expérience, des perfectionnemens très-désirables. Mais la modération n'existe pas plus au milieu des passions populaires, que la franchise dans le pouvoir qui se croit dépouillé. Des deux côtés, on a commis des fautes. Nous ne parlerons pas de celles que l'on peut reprocher aux hommes qui ont cru que par des petites intrigues, des complots ténébreux, une marche oblique et tortueuse, ils viendraient à bout de rendre au roi, qu'ils ont gravement compromis, la plénitude de son autorité. Un juste sentiment des convenances nous interdit, en ce moment, toute réflexion à cet égard. Mais à ceux qui se sont dévoués pour le triomphe de la cause nationale, nous dirons que leurs déplorables dissentimens ont fourni aux fauteurs du despotisme des prétextes plausibles de décrire l'œuvre de la régénération sociale. Il est assurément fort étrange, mais très-ordinaire cependant, de voir des hommes qui, marchant au même but, devraient concerter tous leurs mouvemens, se désunir pour des nuances d'opinion, se grouper en partis, qui rompent l'unité et affaiblissent les

FIN DE LA TABLE.

On trouve AU CABINET LITTÉRAIRE du même
ÉDITEUR, *Palais-Royal, galerie de Bois,*
n° 202 :

LES DIVORCES ANGLAIS ; par M. de Chateau-
Neuf. 3 vol. in-12. Prix :    9 fr.

PROMENADE AU MONASTÈRE DE LA TRAPPE, avec
un plan figuré. 1 vol. in-12.    3 fr.

LE PEINTRE DES COULISSES, salons, boudoirs,
mœurs et mystères nocturnes de la capitale, ou Paris en miniature. 1 vol. in-18,
orné d'une jolie litographie.    1 fr. 50 c.

VERT-VERT, suivi de sa Critique, comédie
en 1 acte, du Lutrin vivant et du Carême
impromptu.    75 c.

Ainsi que tous les journaux français et
étrangers, ouvrages nouveaux, brochures
politiques, etc.

IMP. DE CONSTANT-CHANTPIE.